臺灣歷史與文化 研究輯刊

二　編

第 15 冊

當代臺灣文學的家族書寫
——以認同爲中心的探討（下）

黃宗潔 著

花木蘭文化出版社

國家圖書館出版品預行編目資料

當代臺灣文學的家族書寫——以認同為中心的探討（下）／
黃宗潔 著 — 初版 — 新北市：花木蘭文化出版社，2013〔民
102〕
目 4+154 面；19×26 公分
（臺灣歷史與文化研究輯刊 二編；第 15 冊）
ISBN：978-986-322-239-2（精裝）
1. 臺灣文學　2. 文學評論
733.08　　　　　　　　　　　　　　　　102002851

ISBN-978-986-322-239-2

9 789863 222392

臺灣歷史與文化研究輯刊
二 編　第十五冊　　　　　　　　ISBN：978-986-322-239-2

當代臺灣文學的家族書寫——以認同爲中心的探討（下）

作　　者　黃宗潔
總 編 輯　杜潔祥
出　　版　花木蘭文化出版社
發 行 所　花木蘭文化出版社
發 行 人　高小娟
聯絡地址　235 新北市中和區中安街七二號十三樓
　　　　　電話：02-2923-1455／傳眞：02-2923-1452
網　　址　http://www.huamulan.tw 信箱 sut81518@gmail.com
印　　刷　普羅文化出版廣告事業
初　　版　2013 年 3 月
定　　價　二編　28 冊（精裝）新臺幣 56,000 元

當代臺灣文學的家族書寫
——以認同爲中心的探討（下）

黃宗潔　著

上　冊

第一章　緒　論 1
　第一節　研究動機 1
　第二節　名詞釋義 3
　　一、家族書寫 4
　　　（一）幾個相近的範疇 4
　　　　1. 自傳文學 4
　　　　2. 私小說 5
　　　　3. 大河小說、家族史小說 6
　　　　4. 成長小說 7
　　　　5. 尋根文學 8
　　　（二）家族書寫與各領域之交集 9
　　　（三）家族書寫：一個解釋性的界義 11
　　二、認同 12
　第三節　研究範疇 14
　　一、文學裡的家族：略論家族書寫之發展脈絡
　　　　　.. 14
　　　（一）從傳統到現代 14
　　　（二）解嚴以來台灣文學中家族書寫之
　　　　　　發展脈絡 17
　　二、歷來研究成果 20
　　三、文本的選擇 21
　第四節　研究方法與架構 23
　　一、研究方法 23
　　二、篇章架構 26
第二章　家族書寫中的「自我」認同 29
　第一節　姓名與身分認同 29
　　一、姓名與認同 29
　　二、姓氏──建立歸屬的符號？ 31
　　三、名字──指向「宿命」的寓言？ 35
　第二節　性別、身體與認同 38
　　一、性、性別與身分 38

目次

二、女性：性別角色的學習與困惑 …………… 40

三、男性：性、身體與認同 …………………… 45

第三節　早期記憶與自我認同 ………………………… 49

一、早期記憶的意義與重要性 ………………… 49

二、孤單的童年記憶：陳玉慧——不要留下
我一個人 …………………………………… 51

三、畏怯的童年記憶：鍾文音——不安的夜
市之旅 ……………………………………… 55

四、焦慮的童年記憶：駱以軍——他們在說
些什麼？ …………………………………… 58

小　結 ………………………………………………… 62

第三章　家族書寫中的「家族」認同 …………………… 65

第一節　父系認同的家族書寫 ………………………… 65

一、（尋）父之旅：《逆旅》 ………………… 65

二、逃亡者的後裔：《月球姓氏》 …………… 68

三、父親的病：《聆聽父親》 ………………… 73

第二節　母系認同的家族書寫 ………………………… 78

一、重現昨日的母女愛怨：《昨日重現》 …… 78

二、開啓塵封的家庭秘密：《海神家族》 …… 85

第三節　家屋、生活空間與認同 ……………………… 91

一、家屋、生活空間與認同 …………………… 91

二、生活空間所映照出的自我——「我是
誰？」 ……………………………………… 92

三、個人化空間中流露的價值觀——「我的
家人是什麼樣的人？」 …………………… 95

四、當家與外界發生對話——「家的位置與
意義？」 …………………………………… 99

小　結 ………………………………………………… 103

第四章　家族書寫中的「國族」認同 …………………… 105

第一節　家族書寫中的歷史、記憶與認同 ………… 105

一、「外省父親」的見證：一九四九年的
逃亡 ………………………………………… 106

二、噤聲的年代：二二八與白色恐怖 ……… 112

　　　三、見證的書寫與書寫的見證……………………117
　　第二節　家族書寫中的族群認同與國族認同………119
　　　一、族群、族群認同與國族認同……………120
　　　　（一）族群與族群想像………………120
　　　　（二）族群認同與國族認同…………121
　　　二、家族書寫中的族群認同……………125
　　　三、家族書寫中的國族認同……………131
　　　　（一）敘述對象的認同………………131
　　　　（二）敘述者的認同…………………135
　　　　（三）作者自身的認同………………138
　　第三節　家族書寫中的文化認同………141
　　　一、飲食、鄉愁與認同…………………141
　　　二、語言與認同…………………………147
　　　三、宗教與認同…………………………152
　　小　結………………………………………158

下　冊

第五章　綜合討論：如何書寫？怎樣認同？………161
　　第一節　「家」在何處？——省籍與出生地的
　　　　　　認同………………………………161
　　　一、省籍的認同與困境………………162
　　　二、出生地的回歸與追尋………………167
　　第二節　「待續／敘」的身世系譜與認同………171
　　　一、父系認同書寫中的母親形象與母子／
　　　　　女關係………………………………172
　　　　（一）「不在場」的母親：《逆旅》………172
　　　　（二）「失去口述能力」的母親：《月球
　　　　　　　姓氏》………………………………175
　　　　（三）「待續」的母系身世：《聆聽父親》
　　　　　　　………………………………………178
　　　二、母系認同書寫中的父親形象與父女關係…181
　　　　（一）父親過世時，我還太年輕：《昨日
　　　　　　　重現》……………………………181

（二）「有時我覺得我已把父親殺死了」：
　　　《海神家族》……………………………… 183
　第三節　書寫家族的幾種形式與藝術 ……………… 187
　一、《逆旅》中的魔幻書寫 ………………………… 188
　二、《月球姓氏》中的家庭劇場 ………………… 191
　三、《昨日重現》中的影像重現 ………………… 194
　四、《聆聽父親》中的說書技藝 ………………… 197
　五、《海神家族》中的儀式書寫 ………………… 201
　六、書寫的核心與認同的核心——想像與
　　　眞實的辯證 …………………………………… 204
　小　結 ……………………………………………… 208
第六章　結論：成果與展望 ……………………………… 211
　第一節　本論文之研究成果 ……………………… 211
　第二節　當代台灣家族書寫與研究之展望 ……… 215
　一、當代台灣文學中家族書寫之展望 …………… 215
　二、後續之研究方向 ……………………………… 218
　　（一）以作家爲中心的研究 …………………… 218
　　（二）以家族書寫與認同爲中心的研究 ……… 219
參考文獻 ……………………………………………………… 223
附　錄
　附錄一　郝譽翔訪談紀錄 ………………………… 241
　附錄二　駱以軍訪談紀錄 ………………………… 259
　附錄三　陳玉慧訪談紀錄 ………………………… 275
　附錄四　鍾文音訪談紀錄 ………………………… 291
　附錄五　作家小傳：張大春 ……………………… 313

第五章　綜合討論：如何書寫？怎樣認同？

第一節　「家」在何處？──省籍與出生地的認同

在本論文的前幾章，筆者分別從個人、家族與國族的角度探討了家族書寫作品中的認同。本文所選的作品雖然都與認同息息相關，但由於每位作者在寫作時所偏重處理的問題各有不同，不僅呈現出認同問題的複雜，也造就了家族書寫作品的多元面貌。本章就試圖進一步從作者們不同的書寫方式和取材角度加以探討，藉由觀察他們書寫家族故事時的切入點與文學、藝術技巧，期能更深入地了解這些風格形式各異的家族書寫文本。

有關於「切入點」的部分，基本上如前文所言，可分為「父系身世」與「母系身世」兩大類。關於這兩類作品中所呈現的認同問題，已在本文第三章中加以析論，故筆者在本章第一節中將著重於探究作者為何選擇以「父系」或「母系」身世為書寫的主軸？如前所述，由於家族書寫原本就是夾雜著真實與虛構的文類，因此文本中之所以偏重於思考和書寫某些特定的認同問題，與作者自身的經歷、背景、價值觀自然有一定程度的關係。首先，作者對於省籍和出生地的認同傾向，往往影響了他們對「家鄉」此一概念的界定，並進而造成他們選擇父系或母系身世的書寫。另一方面，那些在作品中篇幅較少，看似被作者忽視的家人，在作品中的形貌為何？他們與作者的認同傾向之間又可能有何關聯？則是本章第二節所探討的議題。簡言之，本章前兩節擬處理的，是作品中說得不多、或刻意不說的部份。但是作者既然不說，

詮釋者又何從理解呢？其實正如泰瑞·伊格頓（Terry Eagleton）所言，那些缺席的——作品中「沒說的」（not-said）——事實上「會以流利的沉默這種形式出現在文本中」，文學評論的工作正是要去完成文本所留下沒說的部份，而不僅只是完全置身在作者所營造的文本空間中。〔註1〕至於這五部作品採用的藝術形式與技巧，則於第三節加以論述。

一、省籍的認同與困境

在本文第四章討論族群認同時，筆者曾針對文本中所反映之「外省」與「本省」族群想像加以析論，並指出在本論文主要討論的幾部家族書寫作品中，以書寫「外省父親」爲主的作品族群意識較明顯。如果再將這五部作品加以約略區分爲「父系認同」與「母系認同」兩大類，又可發現書寫父系身世爲主的三位作者：駱以軍、郝譽翔、張大春，恰好都是所謂的「外省第二代」。這似乎意味著外省第二代作家在選擇身世的切入點時，往往較爲在意父親的外省身世，並且因此在文中反映了較多有關族群認同等相關議題之思考？但是這樣的推論方式，未免過於武斷——如同前文所提過的，同樣也有「外省父親」的陳玉慧與利格拉樂·阿媳，顯然就較爲傾向認同自己的母系身世。當然，五部作品之取樣絕不可能建立一個有意義的統計，並藉此歸納出「父系認同與省籍是否具有相關性」之結論，因此，筆者在此所要討論的問題，並非「爲何是他們在書寫父親」？而是「他們爲何要書寫父親」？更進一步來說，就是「父親的身世」對他們而言造成了什麼樣的意義，以致讓他們覺得父親的身世是比母親更須著力書寫探究的？「省籍身分」眞的影響了他們的認同或是造成某種困擾嗎？雖然幾位作者的狀況並不盡然相同，但透過分析文本中有關省籍的種種書寫，以及作者本身的「表態」，都或多或少地讓我們看到省籍概念對身分認同造成的影響。

基本上，當我們使用「省籍」這個概念來做爲一種身分的區隔時，就等於已經承認並接受了以「父權」爲主的社會結構，因爲不論「本省」或「外省」，都是以父親的籍貫爲認定的標準，因此當作者以「外省第二代」的身分自居，以父系身世爲書寫的主調自也不令人意外。然而父親的省籍對他們而言究竟代表了什麼樣的意義？郝譽翔在《逆旅》一書的後記中，相當程度地回答了這個問題：

〔註1〕 見 Terry Eagleton. *Criticism and Ideology*. London: Verso, 1978, 89.

> 直到今天，別人問起我的籍貫，我照舊會說山東，這當然是一種頑
> 固、無可救藥，而且最糟糕的是非常「政治不正確」的省籍情結。
> 但我卻無法漠視下列一長串的疑問：我是如何誕生在這個島嶼上
> 的、假如一九四九年我的父親沒有搭南下廣州的火車、假如國民黨
> 不是如此昏庸腐敗、假如台灣人和外省人不曾互相排斥……〔註2〕

由此我們可以發現，對省籍的認同仍舊是源於「我從哪裡來？」、「我歸屬於
哪裡？」這類問題的疑問而產生。我的身世是被我父親的身世所決定，而父
親來自一個如此遙遠，無法企及的時空，他（我）的故鄉從而成為充滿想像
空間的神秘領域：

> 我確實覺得山東就是我的故鄉，精神上的故鄉，我從小就對它有一
> 種想像。……想像我的生命其實有另外一種可能：我可能在山東長
> 大，我可能變成另外一個人。為什麼我現在活著，原來我的命運有
> 另外一種可能存在，我會很好奇「另一個我」會變成什麼樣子。所
> 以就會對那種轉身就錯過的那一秒，充滿了無限的好奇。〔註3〕

值得注意的是，她對「故鄉」所懷抱的情感，是想像與好奇，而非思念
與認同，因此陪父親回大陸的返鄉之旅，與其說是「回家」不如說是一場「探
險」（參見頁 36～37）。但是當神秘的原鄉成為現實生活中真實的場景時，貧
乏的黃土抹煞了所有想像的可能，遙遠的距離只能換算成生活方式的強烈差
異，而不是童話故事般的奇遇與驚喜——父親描述中是個山寨的老家，不僅
沒有想像中的「高空彈跳或荒野的殺伐獵」，相反地，「南坦坡村一如其名，
你兩三步就跨上村中唯一的小土丘。」（頁37）在這裡，山東土話比英語更難
聽懂；「上街耍」的意思則是「大家搬著板凳，到巷口圍成一圈，搬長弄短。」
（頁 38）尋根之旅在炎熱的天氣下逐漸變成一場令人想逃離的「惡夢」（頁
38），故鄉其實是他鄉，在外省第二代的身上，恐怕是再真切不過的感受。

但如果「安徽無為」、「山東萊陽」的省籍身分，對他們來說只不過是個
「從來不瞭的地名」〔註4〕，為何還執意要書寫父親？因為「他像是有關於
『我為何要寫小說』、『我為何總愛寫一些滑稽之人』或我為何總是如此亢鬱

〔註2〕 見郝譽翔《逆旅》（台北：聯合文學出版社，2000 年 3 月初版），頁 189。本
　　　節中再度引用此書時僅註明頁碼，不另加註腳。
〔註3〕 見附錄一、郝譽翔訪談紀錄，頁 280。
〔註4〕 見駱以軍《月球姓氏》（台北：聯合文學出版社，2000 年 11 月初版），頁 246。
　　　本節中再度引用此書時僅註明頁碼，不另加註腳。

憤懣⋯⋯這一切謎面底線頭。他是關於『我⋯⋯』這一切相關字源最初的那個空缺。」（頁 242）駱以軍在《月球姓氏》一書中如是說。對自身身世的好奇與追索原本是無關省籍的，但「外省父親」的身世對子女來說的意義還不止於此：「如果不是四九年我父親跑得快，莫名其妙跑來台灣和我娘來那麼一下子，也就沒有我了。」（頁 244）對父親身世的懷想，關鍵其實在於四九年那一場戲劇性的遷移，父親從如此遙遠的彼岸來到這裡，開啓了「我」的身世。如胡衍南所言：

> 外省第二代的身世，決定於他們父親某一次的逃亡、某一次的不告而別、某一次的陰差陽錯、某一次的⋯⋯，所以當他們（像駱以軍一樣）探究起自己的身世、特別是考索至當初那個決定性的時刻，等在那裡的答案總要讓他們對各色的歷史偶然發出唏噓之嘆。〔註5〕

「如果不是我父親跑得快」，那麼我的身世是否就會「有另一種可能」？駱以軍和郝譽翔對身世問題的思考在此產生了某種交集。我的身世是由歷史的偶然所造成，於是「爲何我們在這？」「爲何他當初會沒頭沒腦地離家？」「爲何他那時要跟著國民黨？」⋯⋯（頁 168）這一切的疑問遂成爲子女終身追索且試圖解答的問題。

但在追尋父親身世並試圖建立認同的同時，子女終將發現，自己所由來之地（父親的省籍）所提供的身世符號，是如此陌生飄忽：

> 我曾遇見一位學弟，⋯⋯他從小學到大學，各種身分資料的籍貫欄皆是填寫著「察哈爾」。他說：「我是察哈爾人。」他是到很後來才知道：現在中國的行政區裡，已經沒有「察哈爾」這個地方了。察哈爾省早已被併入松花江省還是嫩江省裡去了。（頁 121）

對於並不眞正出生與生活於彼岸的「外省第二代」來說，省籍的名稱終究只能成爲一個神秘且陌生的身世符號。一旦政治的版圖改變，那得以定位自己身世標記的名稱彷彿也隨即消失：當察哈爾省在地圖上除名，「察哈爾人」該如何尋回身世認同的線索？或者說，當原來的「察哈爾人」變成「松江人」或「嫩江人」時，他們轉換的究竟是「身世」還是「指稱身世的名稱」？這

〔註5〕 見胡衍南〈「外省第二代」作家的父親（家族）書寫〉，收錄於《兩岸現代文學發展與思潮學術研討會論文集》（台北：佛光人文社會學院文學系編，2004年10月），頁142。

個例子某種程度上說明了以省籍作為身世認同象徵的空洞。〔註6〕

　　如果說省籍所提供的「身世名稱」無法解決認同問題，為什麼這些外省第二代作家還要如此「政治不正確」地懷抱這個身世符碼呢？本文第一章提到的認同理論，或許足以提供一些線索。如前所述，自我認同「部分地是由於他者（others）的承認（recognition）、承認的缺席（absence）與誤認（misrecognition）所形成的。」〔註7〕個體與他者互動的過程中，理解自身所處的位置並建立自身的歸屬，從而形成所謂的「社會的認同」。正因為他者的承認對自我認同具有相當的影響，當自己的身分屬於不被認同的一群時，個體自然會產生一定的焦慮。如同胡紹嘉在分析陳文玲（1962～）《多桑與紅玫瑰》一書時所指出的，陳文玲之所以對母親的「壞女人」形象進行說明與抗辯，正是出於某種希望他者認同的心理：

> 「我」在追溯、尋找母親印記的同時，也在辨認長成於其中的自己，
> 而這個「自我的認同」又是與他人對母親的看法與評斷息息相關的。
> 因此，對於母親的私我敘事，除了在知道「我是誰」，並為一建立自
> 我認同的過程外，還是一種「要求他人的承認」的社會行動。〔註8〕

　　外省第二代作家的父親書寫，在某種程度上亦可做如是觀。隨著近年來本土化的潮流與外省第一代的逐漸凋零，一方面令第二代感到憂傷惆悵：

> 台灣本土化的潮流，它確實標誌著一個族群的從此走入歷史，就是
> 所謂外省族群，當它要走入歷史的時候，我們就會發覺我們好像在
> 為它做紀念碑。因為這個東西如果再不寫，不是說要為歷史負責，
> 而是說你自己心中的那種惆悵吧，你眼睜睜地就看著它走入歷史，
> 然後從此煙消雲散的惆悵。……我們看著這一輩的人好像從此就要
> 消失在台灣這塊土地上，然後台灣本土化的論述也把這批人遺忘
> 了，早就把他們除名在外了的時候，內心的一種惆悵。〔註9〕

〔註6〕　本段引自拙作〈我們是那樣被設定了身世：論駱以軍《月球姓氏》與郝譽翔
　　　　《逆旅》中的姓名、身世與認同〉，《第七屆青年文學會議論文集》（台北：文
　　　　訊雜誌社，2003 年 11 月初版），頁 176。

〔註7〕　見孟樊《後現代的認同政治》（台北：揚智文化有限公司，2001 年 6 月初版），
　　　　頁 18。

〔註8〕　見胡紹嘉〈于秘密之所探光：遭遇的書寫與描繪的自我〉，收錄於《應用心理
　　　　研究季刊 25 期：生命書寫與心理健康》（台北：應用心理研究雜誌社出版，
　　　　五南圖書出版有限公司發行，2005 年 3 月出版），頁 49。

〔註9〕　見附錄一、郝譽翔訪談紀錄，頁 282～283。

另一方面，父親被主流論述、主流價值排除與遺忘，也就意味著「承認的缺席」，如果說父親的不被承認（認同）就等同於「我」的不被認同，這無疑會引發第二代的焦慮：老人們逐漸死去與被遺忘，那麼老人的子女呢？社會是否也將無情地把他們排除在外？透過書寫，外省第二代作家試圖留下父親的故事與歷史，這是對遺忘的反抗，也是對認同的渴望。

值得一提的是，張大春的《聆聽父親》一書，雖然在分類時亦可歸為「外省第二代家族書寫」的行列，但不同於在發現父親口中山東流亡學生的「傳奇故事」為真實的歷史，震撼之餘開始轉身拼湊父親過往點滴的郝譽翔〔註10〕，以及常被認為「耽溺於（外省）父親的身世」的駱以軍〔註11〕，張大春的家族書寫，在「外省第二代身分認同」這個部分其實是著墨甚少的。《聆聽父親》的問市，雖然似乎已打破了一直以來，張大春作品「不輕易被捲入『身分』議題、不易被身分議題所設定」〔註12〕的寫作特色，讓人意外「原來張大春也可以抒情、可以真誠、可以老實」〔註13〕，成為一部宛若「為一個集體流亡的族群鑄碑立傳」、「搶救家族記憶」〔註14〕的作品。但事實上張大春即使在抒情寫實的當下，他還是與文本保持了一個安全的距離，因此在敘述五代祖先故事的同時，他維持了一貫的說書口吻，架構出一個山東家族的「傳奇」故事。雖然敘述者「我」仍不時現身，整體而言客觀的敘述仍遠多於主觀的情感流露，這或許是作者有意的情感抑壓或寫作手法〔註15〕，但在這樣的呈

〔註10〕 參見郝譽翔《逆旅》〈後記〉（台北：聯合文學出版社，2000 年 3 月初版），頁 187～190。

〔註11〕 駱以軍在蕭菊貞《銀簪子》一書的序文〈數字正在滴滴倒數〉中提到：「我想起年來一些尊敬的詩長輩這樣不經意地問我：『為何要那樣耽溺於你（外省）父親的身世？』我總是蒙混失焦、語焉不詳：因為我父親他……正在死去；因為時間所剩不多……」（台北：時報文化出版公司，2001 年 9 月初版），頁 19。

〔註12〕 見黃錦樹〈謊言的技術與真理的技藝 —— 書寫張大春之書寫〉，收錄於氏著《謊言或真理的技藝：當代中文小說論集》（台北：麥田出版，城邦文化有限公司發行，2003 年 1 月初版），頁 205。

〔註13〕 見胡衍南〈「外省第二代」作家的父親（家族）書寫〉，收錄於《兩岸現代文學發展與思潮學術研討會論文集》（台北：佛光人文社會學院文學系編，2004 年 10 月），頁 150。

〔註14〕 同前註，頁 155～156。

〔註15〕 張大春曾在接受採訪時，透露寫作此書時「哭了好幾回，經常推開電腦不能竟書。」可見作者在寫作時，仍是洋溢濃厚的情感。見徐淑卿〈聆聽張大春，帶著笑聲的家族故事〉，《中國時報·開卷周報》，2003 年 8 月 3 日。有關《聆聽父親》的寫作手法，於本章第三節將進一步加以論述。

現方式下，張大春仍舊迴避了與「身分議題」正面衝撞。

因此，張大春的「省籍身分認同」是隱而不顯的，某個程度上來說，書寫和敘述的本身已經代表了一種認同，也就是說，當他選擇書寫山東老家、父祖的故事之時，已經透過書寫的「行動」本身表現出他的身分認同；但另一方面他也強調「我從哪裡來？」這個問題的答案，「不是『山東濟南府』……這樣說的話，哲學的『我從哪裡來？』還有什麼可問的呢？」〔註16〕這個例子說明了認同問題的複雜，正因為足以代表身分的「選項」眾多，對個人來說重要性自然有優先順序的差異，省籍不是張大春用以定位身分的優先指標，但這種選擇無關對錯，只是價值觀的不同使然。由此我們可以看到，即使隸屬同樣的族群、同樣的社會身分，個體在理解並選擇自身的位置時，仍舊受到許多因素的影響而產生不同的答案，這或許也正是身分認同的難解與迷人之處。

二、出生地的回歸與追尋

從上述的討論，已可看出省籍對建立身分認同來說，雖然具有一定程度的影響，然而對並不出生成長於彼岸的外省第二代來說，他們的省籍認同與其說是建立在「省籍」本身，不如說是源於對父親的認同。那麼倘若父親的省籍身分無法以「山東濟南」、「安徽無為」這樣單純的地名加以指認時，個人又該如何建立自己的身分認同？陳玉慧在《海神家族》一書中，就有一段耐人尋味的對話，凸顯出以省籍來回答「恁是都位人？」這個問題，是如何地獨斷簡化：

> 「我的曾祖父是蒙古人，蒙古白旗人，他和家人在遷移北京後，與江蘇人的曾祖母結婚。我的祖父和父親都在北京出生，後來全家搬到安徽當塗附近種田做買賣，父親十八歲離家後便到台灣來，與我母親結婚，我的外婆是日本人，外公是福建來的台灣人。」我說得太快，並且有意說得很快，我很想知道他認為我是什麼人。司機要我再復誦一次，然後他做下結論：「你的父親是應該算北平人，你不是台灣人，你是外省人。」〔註17〕

〔註16〕見張大春《聆聽父親》（台北：時報文化出版公司，2003年7月初版），頁57。
〔註17〕見陳玉慧《海神家族》（台北：印刻出版公司，2004年10月初版），頁10。本節中再度引用此書時僅註明頁碼，不另加註腳。

本省／外省這種粗糙的二分法，忽略了身世血統中多元融合的可能，而被省籍區分法所排除在外的母系血統，難道不是我們二分之一的身世淵源？有鑑於此，陳玉慧和鍾文音兩位女性作家，乃從母系身世為書寫的重心。陳玉慧之所以選擇以母系身世出發，以出生地而非省籍做為尋根之旅的起點（及終點），除了如她所說對父權的不耐、以及父親的缺席之外〔註18〕，也是因為她那來自多元族群的家族成員，原本各自背負著各自的身世與眼淚，最後卻在台灣這塊土地產生交集，發生命運的相會：來自琉球的外婆、先祖從漳州過台灣，在台灣出生長大的外公、四九年從大陸來台的父親，……台灣也許不是故事的起點，卻絕對是轉捩點。在回顧家族故事之後，她得以用一種全新的角度去觀看親人生命中的無奈，也對自己的身世／身分有更深刻的體認：「我常懷疑，但我無需懷疑，像我這樣的人便是台灣人。」〔註19〕了解這樣的書寫背景之後，我們自能體會何以「陳玉慧所界定的台灣人絕對涵蓋了整個光譜：不出生於台灣的（像外祖母）；大半生都不生活於台灣的（像「我」、叔公）；台灣意識不強的（像外祖父）；甚至根本不認同台灣，只認同中國的（像父親）」〔註20〕，對於《海神家族》中有關「台灣人身分」的多所著墨，也方能跳脫意識形態上「愛台灣／不愛台灣」的粗糙二分法，掌握小說中對身分認同的深刻思考。

　　基本上《海神家族》寫的是一個回家（home coming）的故事，每個家族成員以不同的形式回到家，包括敘述者、神像、甚至已逝的魂靈。〔註21〕如同陳玉慧所言：無家（或家）一直是她的人生課題〔註22〕，在很年輕時就「只是為了離開家而離開家」（頁67）的她，在國外多年的生活，使她用另一種眼光和角度來思考關於家、身分、認同等問題。因為身在國外，出生地的意義對她而言與其說是「台中」，不如說是「台灣」。〔註23〕事實上早在《巴伐利亞的藍光》一書，陳玉慧就已展現出對台灣的複雜情感，附錄〈給台灣的一

〔註18〕 參見附錄三、陳玉慧訪談紀錄，頁307。
〔註19〕 見明夏文，陳玉慧譯〈丈夫以前是妻子 —— 評論家丈夫明夏專訪小說家妻子陳玉慧〉，收錄於陳玉慧《海神家族》（台北：印刻出版公司，2004年10月初版），頁327。
〔註20〕 見顏擇雅〈台灣女性的家族史觀〉，《民生報・A10版》，2005年1月23日。
〔註21〕 同註19，頁332。
〔註22〕 同註19，頁326。
〔註23〕 《海神家族》中提到：「重新回到我出生之地，那個叫台灣的島。」見陳玉慧《海神家族》（台北：印刻出版公司，2004年10月初版），頁8。

封信〉當中，以「無名的國度」、「在一個叫福爾摩沙的地方」、「在一個叫『埋冤』的地方」、「在一個叫中華民國的地方」、「在一個叫『台澎金馬』或者『中華台北』的地方」、「在一個叫台灣的地方」等文句，呈現彷彿足以用來稱代「台灣」的各種名稱。〔註24〕台灣的各種名字，凸顯出台灣複雜的身世與命運，眾聲喧嘩，令人「只覺得熱與苦」〔註25〕，但是在回頭思索台灣這個島嶼的身世時，她「感受到自己的命運和台灣有多相像」。〔註26〕年輕時她急著離開缺乏溫暖的家，但透過小說創作「檢視過去的斷絕」之後，她體會到「自己和台灣勢必無法分割。我現在做的便是回到自己出發的地方，……」〔註27〕只有回歸出生之地這個生命的起點，檢視構成家族的複雜源起，看到每個人所背負的身世何其沉重，小我歷史又是如何受到大我歷史的影響與操縱，或許才能成為與家人和解的開端。而「母親」和「出生地」在認同上為何常被互相連結，在鍾文音的作品中有更清楚的呈現。

　　如果沿用「省籍」的框架來看，在本論文討論的幾位作家中，父母均來自南方鄉鎮的鍾文音，是唯一一位所謂的「本省籍」作家。這也使得鍾文音在思考「原鄉」的問題時，與其他幾位作家有著不盡相同的視角。父母來自相同的土地，且這塊土地亦是她自身出生成長之處，讓她在建立自身的身分歸屬時，少了一些懷疑與困惑。另一方面，土地所象徵的原始生命力、勞動力與堅韌踏實的毅力，在在與「母親」形象相連結，對「出生地」的認同與「母親」的認同，在此得到了連結。鍾文音曾在訪談中表示，「母親、情人、土地」對她來說是比較切身的議題，因此書寫時會優先從這些切身的感受去處理。〔註28〕這也相當程度地說明了她選擇以母系身世為主要書寫視角的原因。

　　不過，儘管鍾文音無需經歷外省第二代那種「故鄉其實是他鄉」的失落感，並不表示她對出生地的認同，就是毫不遲疑地全盤接受。相反地，她對出生地雲林其實仍有一些矛盾與複雜的情感。她曾說：「台北不是我的家，雲

〔註24〕見陳玉慧《巴伐利亞的藍光》（台北：二魚文化有限公司，2002 年 4 月初版），頁 304～313。

〔註25〕同前註，頁 312。

〔註26〕見明夏文，陳玉慧譯〈丈夫以前是妻子——評論家丈夫明夏專訪小說家妻子陳玉慧〉，收錄於陳玉慧《海神家族》（台北：印刻出版公司，2004 年 10 月初版），頁 327。

〔註27〕同前註，頁 327。

〔註28〕見附錄四、鍾文音訪談紀錄，頁 324。

林也不是我的家。我從小和母親做流動的市集生意，所以我早有身世流離感，無處不是家，也無處是家。」〔註29〕但另一方面，她不願回望原鄉，「身爲作家的宿命」卻又讓她不斷透過筆墨來描寫它〔註30〕，如同她不認爲地理的「原鄉」決定一切，卻又不得不承認地理原鄉仍是不可改變的，天生所賦予的原鄉之景：

> 我對於「原鄉」的定義並非是從地理來看的，我所認爲的原鄉是以
> 族群來定方位。從那個族群來，就是那個原鄉人。好比從文學出發
> 者就是和我有同樣的一個原鄉感。但就現世的出生地理來看的話，
> 二崙鄉仍是我不可改變的天生所賦予我的原鄉之景，它牽連出幾代
> 人的繁衍與沒落，是年年祭祖和記憶傳家的主要場景。〔註31〕

正因如此，她在《昨日重現》一書中仍然選擇以「雲林的鍾家」爲開卷之筆，雍正年間自閩粵移民來台的先輩軼史令她「覺得生命有了承續的歸依」（頁20），再次顯露出認同對個人「建立歸屬感」的意義。

　　透過鍾文音的書寫，我們看到「出生地」這個「宿命的起點」並不見得就是個人喜愛與接受的生活環境。鍾文音不僅承認自己「和那封閉的地方總有許多不合之處」〔註32〕，甚至「回鄉」這件事本身，已令她產生「不知名的抗拒」〔註33〕，覺得自己其實「不屬於那個地方」。〔註34〕這樣的斷裂感一方面來自性格，一方面則來自童年時每逢寒暑假就北上在親戚家暫住，得以接觸到城市經驗的影響。她曾在訪談中分析城鄉生活的差異，除了台北能提供城市的生活機能之外，生性獨立的她，對於鄉下地方「結構體的生存方式」也難以適應：

> 童年上台北的感受很深，其實我一直喜歡住在城市，所以爲什麼我

〔註29〕見鍾文音《中途情書》（台北：大田出版公司，2005年11月初版），頁152。

〔註30〕鍾文音在《中途情書》一書中如此說道：「我總是畏懼回到宿命的河流，關於原鄉是宿命的起點。我只能以筆墨回返它，這是我的鄉愁。……除了寫作之外，我幾乎沒有再眺望過原鄉。……我愛世界，更甚原鄉，但弔詭的是身爲作家的宿命使我又得不斷回想它。」同前註，頁153。

〔註31〕見鍾文音《昨日重現》（台北：大田出版公司，2001年2月初版），頁38。本節中再度引用此書時僅註明頁碼，不另加註腳。

〔註32〕見鍾文音《台灣美術山川行旅圖》（台北：新新聞文化有限公司，1999年10月初版），頁138。

〔註33〕見許薇宜採訪〈挖掘，正以一種姿態行進著〉，《野葡萄文學誌》2004年10月號，頁46。

〔註34〕見附錄四、鍾文音訪談紀錄，頁332。

> 不認同原鄉也是這個原因。……我對於城鄉這個東西感受性很大，
> 因爲其實我非常喜歡城市，可是我又生長在到今天都非常落後的地
> 方。……我自己有很多雙重的割裂，……我喜歡城市，可是又生長
> 在一個蠻荒。我不喜歡那個原鄉的宿命那麼濃烈，人跟人之間的連
> 結強烈到讓你覺得好恐怖。〔註35〕

因此到了可以自己選擇居住環境的年齡時，她離開了雲林，在台北定居。儘
管如此，「原鄉」的呼喚仍舊影響著她，她從不刻意在作品中強調鄉土情懷，
但南方鄉鎮樸實的生活方式、南方女子堅毅的生命情調，卻時時透過書寫而
浮現。

　　此外，比書寫更訴諸心靈感受的繪畫，更將她的「原鄉情結」表露無遺。
當她遠離家園，到紐約學畫之後，眞正喚起心中鄉愁之感的地方，仍是雲林
而非台北：

> 在紐約的第一年，原鄉似乎消聲匿跡，……然而，第二年開始，由
> 於尋找不到貼近心靈的親密感，加上種種疏離的感覺，讓鍾文音在
> 心靈上逐漸回歸雲林……在她一張張用色鮮豔的畫作中，不斷出現
> 了故鄉的符號……畫出屬於家鄉的原始生命力，而這樣的舉動，也
> 確認了「家鄉」這個符號與自己的不可切割性。〔註36〕

由此我們發現，比起只能靠想像建構的「省籍原鄉」，出生地是我們眞正與這
個世界接觸的最初之地，也是我們最早認識、理解的世界面貌，許多人的早
期記憶亦烙印於此，它與生命的緊密連結由此可見。因此，當記憶帶領我們
返鄉，有關生活機能、生活形式……等理性客觀的考量都已不再重要，如此
一來，即使樸實的小鎮生活，也可成爲「馬奎斯《百年孤寂》的氛圍再版」（頁
22），增添幾許魔幻的美感。

第二節　「待續／敘」的身世系譜與認同

　　在前文的討論中，筆者以父系與母系認同的區分方式，來探討這幾部家
族書寫作品，但反過來說，這並不表示作者們點到爲止的那些身世系譜：如
父系認同作品中的母系身世／母系認同作品中的父系族譜，就對他們的成長

〔註35〕見附錄四、鍾文音訪談紀錄，頁331～332。
〔註36〕見趙如璽採訪撰文〈悲涼又美麗的宿命——鍾文音的「魔幻」雲林〉（《行遍
　　　天下》第137期，2003年2月），頁72～73。

過程與認同未曾發生影響。相反地,「爲何寫」與「爲何不寫」可能同樣具有意義,因此本節將試圖探討文本中如何呈現這些家人的形貌,及其與認同之間可能有何關聯。

一、父系認同書寫中的母親形象與母子／女關係

(一)「不在場」的母親:《逆旅》

在以父親和「尋找父親」的旅程爲主的《逆旅》一書當中,母親嚴格來說是「不在場」的。她既未參與父親 1949 年的逃亡史,似乎也不在女兒追溯身世的路線上,因爲對郝譽翔來說,母親就如同這塊土地一樣:「我們就踏在這邊,她是沒有被懷疑過的、沒有動搖過的東西,反而缺乏了那種美感。」〔註37〕因此相較於過去十分堅定,如今卻煙消雲散的外省認同,父系的身世信仰之落差,反而更能讓她產生探究的念頭。但是若拋開「源遠流長」的身世血統,純粹從女兒如何書寫母親的角度來看兩人的互動關係與認同,仍有一些值得討論之處。

相較於略帶疏離卻仍蘊含寬容之溫情的父女關係,《逆旅》中所刻畫的母女關係則是混合著緊張、衝突、冷漠與矛盾的複雜情感。母女之間的衝突與糾葛甚至在女兒出生之前就已展開:

> 母親說她懷我的時候,什麼都不想吃,就想吃冰塊,成天肚子裡頭有團火在燒一樣,就在連續吃了十個月的冰塊之後,她的胃變成一個冰窖,連米飯都消化不了,……反叛因子早在我血管裡面根生,似乎我出生的目的,就是爲了推翻自己的存在,而那賜予我生命的父母,首先便成爲我革命的犧牲品。〔註38〕

對女兒來說,在出生之前對母體造成的傷害,或許是一種饒富象徵意味的母女關係之隱喻;但真正造成母女矛盾的開端,則在於母親將漸行漸遠的夫妻關係與失敗的婚姻,歸因到女兒身上,認爲女兒三歲之前要握著母親的手入睡這個習慣,是造成夫妻疏離的根源。於是,「在母親口中,那個還不會說話不會走路的嬰兒的我,簡直像是撒旦送來的惡魔,一手終結掉他們三年不到的婚姻。」(頁 28)失去丈夫的妻子和失去父親的女兒,互相在對方心中撒下

〔註37〕 見附錄一、郝譽翔訪談紀錄,頁 282。

〔註38〕 見郝譽翔《逆旅》(台北:聯合文學出版社,2000 年 3 月初版),頁 29。本節中再度引用此書時僅註明頁碼,不另加註腳。

埋怨的種子，母女兩人的相互依存在非自願的情況下展開，以致母親牽著年幼稚女偕手共行的畫面，不僅沒有童話般的溫馨場景，更盈滿著恐懼、悲哀、無奈、嫉妒、控制與束縛等負面情感：

> 我的母親牽著我從算命館走出來，她低頭看我，看著這個摧毀她生命的小惡魔，手不禁微微地發抖，……母親穿著桃紅色的迷你裙，露出一節白皙的大腿，底下修長的小腿尤其讓我感到嫉妒。……就因為手中牽著我的緣故，她哪裡也去不了。她悲哀的握住我的手，而我箍緊了手指，像一條一條小蛇鑽進她的指縫，雙腳大力向前踢正步，神氣地抬起下巴，因為我知道，我到底才是母親真正的主人。
> 　（頁 30）

女兒箍緊了母親的手，但心靈的距離使得最後真正漸行漸遠地，不是在生活中成為局外人的父親，而是本應相依為命的母女兩人：「十歲以後，除了柴米油鹽雞毛蒜皮之類，我們似乎再也沒有交談過任何不存在於現實世界的事物。」（頁 25）因此小說中的母親角色，也在賦予女兒生命後便失去了舞台[註39]，直到尾聲的〈情人們〉一篇才再度登場。只能與女兒交談柴米油鹽之事的她，在女兒的「心靈之旅」和「尋父之旅」的歷程中，注定是不在現場的。

　　〈情人們〉是《逆旅》一書當中，最完整地呈現母女關係的一篇。小說敘述在女兒離家後已不習慣空間中有對方存在的母女兩人，靠著吃飯以及討論父親的情人們做為共同話題，但是在整個談話過程中，母女倆卻不時上演「一言不和」的戲碼。每當快要進入衝突與爭執的核心，母親便以「不談這個了，傷感情。」（頁 154）「好了，吃飯的時候不要再講這些，還是講講你爸的情人們。」（頁 158）來試圖轉移話題與緩和氣氛，但這樣的嘗試往往徒勞。在心中壓抑多年的不滿情緒似乎一觸即發，於是女兒指責母親從來沒有關心自己，一心「只想著賺錢」（頁 171）：「你把我和姊姊丟在家裡，連年夜飯也不吃。只為了賺那兩小時一百二十塊錢，我一輩子都會記得這件事。老實說，那時候我真想拿錢從妳的臉上砸下去。……除夕夜只有妳才會為了那一百二十塊錢不回家。」（頁 156～157）母親則埋怨如此辛苦照顧女兒，卻得不到回

[註39]《逆旅》一書中提及母親的篇章包括：〈取名 2〉、〈誕生，一九六九〉、〈搖籃曲〉、〈情人們〉、〈午後電話〉與〈晚禱〉，主要則集中在〈取名 2〉、〈誕生，一九六九〉與〈情人們〉三篇。

饋：「我辛辛苦苦養妳們長大，他沒有出過半毛錢，憑什麼老了還要妳們養他？」（頁 153）「今天妳爸跟你說了什麼？妳的心都向著他？我養了妳幾十年，還不如他跟你說一天的話？」（頁 155）「這實在太不公平了，結果沒想到最後妳們同情的全是他。早知如此，那時候我也不要妳們，我還年輕，多的是男人要追我。」（頁 171）最後母親拋出「到底是誰一再破壞這個家？」的質疑，母女相對無言，唯有將時間倒帶：「母親撩起衣服來擦了擦臉。然後她拿起一個饅頭，剝成兩半，一半遞給我，說，來，再吃一點，難得回家，不要說這些不愉快的事了，讓我們再重頭開始一遍，談談妳爸的情人們吧。」（頁172～173）但是不論母女兩人如何將時間倒帶、話題倒帶，彼此的關係卻無法因此倒帶。〈情人們〉所呈現出的母女關係之圖像是如此晦暗空洞，宛如文中掛在牆上的那幅褪色的康定斯基海報：牽著手但沒有五官的母親與小女孩（頁 152）。注定彼此看不到也聽不到對方的心聲，就算手牽著手，她們仍然相隔遙遠。

　　如果進一步觀察郝譽翔的其他作品，不難發現在文中登場的「母親」似乎總是晦暗的、狼狽的、被陰鬱的氣氛所包圍著：《初戀安妮》裡的母親「花費一輩子的努力，終於證明自己仍是一個失敗的人。」〔註40〕而「嘔吐」則是她回應生命困境的方式——這使得嘔吐成為母親「最擅長的一件事」。〔註41〕〈一九九一年的夏天〉文中的母女關係，更充滿了緊張、不快與衝突：

　　　　關於一九九一年的夏天，我瞬間記憶起的便是母親那張焦躁而無助的臉。……偶爾回到台中的家，母親愈見灰暗的臉色卻使我忍不住發狂。母親坐在沙發上喃喃自言自語說不如去死算了吧，然後她很悲痛的哭泣，撈起衣服來大力抹淚露出了一截鬆弛白軟的肚皮。我站在客廳面無表情注視著她心裡想這個女人瘋了呵，……夜半時分她突然敲我的房門，叩叩叩，叩叩叩。我打開門，門外母親無助抱著枕頭活像個小學女生。她說剛剛外公闖進她的房間要強暴她，她怕極了顫抖著說可不可以跟我一起睡。她說話的時候右手還揪緊衣領彷彿純潔的處女。我瞪著她大聲罵她胡說八道非常無情的大聲斥罵。於是她黯淡著臉又揪緊衣領摸黑回到自己的房間，沒有再說一句話。〔註42〕

〔註40〕　見郝譽翔《初戀安妮》（台北：聯合文學出版社，2003 年 7 月初版），頁 44。
〔註41〕　同前註，頁 37。
〔註42〕　見郝譽翔〈一九九一年的夏天〉，《聯合文學》第 219 期，2003 年 1 月初版，

　　不過，無情斥罵母親的女兒在十年後卻驚訝地發現：原來母親當年不是瘋了，只是更年期到了。然而嘲諷的是讓她恍然明白這個道理的契機，竟是自己開始步入中年的身體所發出的訊息：身體無端端的發熱、突然想吃甜膩濃稠的紅豆湯、脾氣無緣無故地暴躁與沮喪，……她想起了十年前的母親，和自己現在的症狀何其相似？這讓她不由得慨歎，原來只是更年期到了這麼簡單的道理，她們卻白白浪費了這許多年的時光：「坐在家中像瞎子一樣，矇起眼睛來不斷相互傷害折磨對方，直到彼此都將所有的感情消耗殆盡了，直到我冷酷狠下心腸把母親丟棄在黑暗中讓她一人獨自恐懼。摸索。老去。」〔註43〕從而我們發現，母親的「不在場」可能是女兒刻意選擇的結果，如此一來，她就不用面對母親所帶來的種種負面情緒；但是將母親丟棄在黑暗中的女兒，終究無法逃離母親，如同本文第三章曾提過的，女兒總是更難完成「弒母」的工作，因為「我就是她，她就是我」。〔註44〕透過「更年期」的身體變化，女兒彷彿變成了當年的母親。母女之間斬不斷的牽繫，使得「不在場的母親」畢竟仍是深深地影響著女兒——不論她願不願意面對。

　　但是若從另一個角度來看，女兒從自己身上找到母親當年的影子，或許也可能是一個契機：女兒在身體上與情緒上「設身處地」感受到母親的處境之後，她反而能夠以一個新的角度看待當年心中的瘋狂母親，重新詮釋她過往的行為情緒，從而「加深對母親的處境的揣摩理解」。〔註45〕而此種「讀境揣摩」（context reading）的能力，不僅「關係著女兒們對母親的理解，更關係著女兒們與母親們之間分化成功與否。」〔註46〕這個「重新認識母親」的過程可能漫長而痛苦，或許也不見得會成功，但可以想見的是，僅僅靠著逃離與不在場（母親的不在場其實也同樣意味著女兒的不在場／逃離母親），母女之間將更難從糾結的愛恨矛盾中全身而退。

（二）「失去口述能力」的母親：《月球姓氏》

　　嚴格來說，《月球姓氏》裡關於母親的篇幅並不算少，只是相較於華麗

頁 20～21。

〔註43〕郝譽翔〈一九九一年的夏天〉，《聯合文學》第 219 期，2003 年 1 月初版，頁 22。

〔註44〕見 Kristeva, Julia. Black Sun: Depression and Melancholy. Trans. Leon S. Roudize. New York: Columbia UP, 1989. p.29

〔註45〕見劉惠琴〈母女關係的社會建構〉，《應用心理研究》第 6 期，2000 年夏，頁 121。

〔註46〕同前註，頁 121。

繁複的父系身世之展演，母系身世相形之下則顯得沉默黯淡許多，如同駱以軍在書中爲母系身世所下的註腳：「我失去時間感與口述能力的母系身世。」〔註47〕但如果從另一個角度來看，母系身世之所以缺乏口述能力，以致其「家族譜系線索，如風中游絲，線索難覓。」（頁255）的因由，除了因爲母親和她那一輩輩往上推的養女祖先們，要追溯自身血緣本就不易之外，或許也可說是這個藉由養母女形式傳承的族裔，特有的記憶（或曰不去記憶）己身身世的方式吧：

> 我曾問過我娘：當初她生母家爲何要把她送給「這個阿嬤」當養女。是因爲養不起嗎？但是聽起來我阿公阿嬤家似乎比我娘生母家更窮。……我娘認眞地想了想，說：「不知道吧。」……回到生母家不掉眼淚，似乎成爲和「爲何被送去當養女」一樣淡淡迷惑卻又不很認眞追究的線索。這或者便是我娘上接我阿嬤，她們撲朔迷離、嫁接身世的養女世系的時間刻紋方式吧？（頁260）

其實，對於養女出身的母親來說，自己何以成爲「被生父母拒絕／放棄的孩子」，並不見得是一個她眞正想知道答案與面對的問題，自然也就失去了認眞追究的動機與必要性。

更進一步來看，身爲養女的際遇與命運雖然不由人選擇，而是被決定的，但對於可以自己掌控的「身世的口述權」，母親似乎也選擇了放棄。於是在述說母系身世的〈大水〉一文當中，母親的身世故事竟然幾乎全是由「我阿嬤說」和「我父親說」所組成的，整篇文章中「我娘」只說了三段關於自己的回憶：

> 我娘說我阿嬤每次總在我阿公出門後，即溜出後門和鄰居打三色牌……我娘則必須在我阿公踩進家門前，去後門將阿嬤喊回。（頁259）

> 我娘說她年輕時曾跑去「養女之家」尋求保護。（頁261）

> 我娘說我阿嬤曾經找鑲牙師傅到家裡，要敲掉她兩顆門牙換上金牙，她聽人家說那就是要把她賣去酒家。後來是她堅持嫁給我父親（我父親不肯入贅，僅同意把還未出生的我哥過繼給我阿嬤，拜張氏祖先）。我父親是我娘的老師，我小時候聽到的版本是他「爲了救

〔註47〕見駱以軍《月球姓氏》（台北：聯合文學出版社，2000年11月初版），頁259。本節中再度引用此書時僅註明頁碼，不另附註腳。

我娘」，才娶了她的。（頁 261～262）

由父親和阿嬤的敘事所共同拼湊出的母系身世，可以知道母系的家族故事儘管單薄，卻也不致三言兩語至此。但是母親卻如此沉默。母親的敘事版本宛若一則則挖空了故事內容的「標題」，儘管「跑去養女之家尋求保護」的背後，也可能蘊含著如同父親的遷移史詩般的動人故事，但母親卻不願透過言說重現過往。「父親每次像碎嘴婆娘壞掉唱盤重複播放著母親這邊，阿嬤或阿姨的不堪往事時，母親總是緘默不語，沒有一次為她們辯解。像是你阿嬤和阿公其實沒有婚姻關係，他們只是同居人啦。父親小聲地說，母親也是靜默。」（頁 178）

母親所背負的那段飄零的、原本就不成曲調的養女身世，在她的沉默中益形殘缺無力，到最後，她的家族譜系不僅無法成為子女建立認同的基礎——「我從來不會因為我母親是本省人，就認為我是『大龍峒人』。」〔註48〕甚且可能成為子女宣洩心中不滿時的「代罪羔羊」：就像正值青春期的女兒對於臨近更年期突然出現「血拼熱病」（頁 144），每天抱回大量以批發價買回的廉價衣物的母親，感到「痛苦到無以復加」時（頁 144），她總是尖酸刻薄地翻弄著母親幫她「置裝」的成果，帶著冷笑憎恨地批評：「只有養女出身的人才會去買這種衣服。」（頁 144）女兒的批評充滿了攻擊慾、無情與恨意，卻顯現出母親的養女身分如何成為一種負面標籤，成為判斷與評價她的標準。這或許也間接說明了母親為何總是沉默；以及父親「無根」的外省第一代身世，何以反倒比隸屬於這塊土地的母系身世，更能成為子女建立身分認同的符碼。

母親不只對自己的身世保持沉默，她也習於將自己的真正情感收藏在心裡，「真正生氣時只會嘿然冷笑，其實內裡早恩斷情絕」（頁177）的她，用記憶取代言說，如同一只上緊發條的時鐘，「仍可以在許多年後，將記憶的暗影精準地投進她記錄的那些刻度之中。」（頁 190）這樣的生活模式或許是一種理想的自我保護方式——可以用來避免正面衝突以及「不讓命運的殘酷劇烈圖景直接鋪襲上身」。〔註49〕但是疏離的生活態度仍有其要付出的代價，那就是不被了解與寂寞：

《遠方》中遠赴九江拯救中風父親的母子兩人，因為疲憊與焦慮在飯店起了衝突。兒子感嘆著既然現在可以拋下一切來到這麼遠的地方，當初為何

〔註48〕見附錄二、駱以軍訪談紀錄，頁 292。
〔註49〕見駱以軍《遠方》（台北：印刻出版公司，2003 年 6 月初版），頁 78。

無法抽出一兩天的時間陪父親到哪裡走走……母親說：「那是不可能的，你不是一直那麼忙嗎？」兒子方才驚覺：「我從不知道這麼多年來，我母親心中的恨意如此堅硬浮沉。」〔註50〕這些年來，母親與兒子的聚首竟然總建立在家中成員（包括動物）的病與死：狗兒小玉的死〔註51〕、父親在異鄉（故鄉）的病……但這段與兒子獨處的時光，似乎也沒有辦法讓母子兩人更為親密，牽掛著家鄉妻小的兒子，彷彿將母親「遺棄至一更孤獨的處境。似乎她是那如今仍昏睡譫語的病危老人的唯一親人，我有另一組親人隔著遙遠距離以電話監控而顯心不在焉。」〔註52〕沉默的母親選擇對命運保持疏離的同時，也註定選擇了寂寞。

　　但是兒子其實是感受到母親的孤單寂寞的，寂寞母親的身影在小說中俯拾皆是，尤以《第三個舞者》中那個想像自己懷孕了的老母親最令人難忘。母親在兒子每週一次心不在焉的例行聚會中，欣喜地宣佈自己懷孕的消息，但原來一切只是她的空想，得悉真相的兒子驚訝而感傷：

> 原來她像個自閉防禦的母親低頭安靜捍守了八九個月的胎兒，是個自虛空裡由內外翻的空袋子。是個吹漲了氣，啪一下就可以打爆的空氣球。她一定認為是她的兒子們聯手搞大了她的肚子。……這是我第一次感覺這個城市的天空是如此清澈冷寂。娘。我輕聲地喊。娘喂。我的眼眶漲滿了淚水。〔註53〕

誠如王德威所言：「那個嬰兒還沒出生就證明是不存在的。沒有生命，先有生命的失落；空有愛，卻少了愛的對象。悲傷由是開始。」〔註54〕但悲傷的開始也可能是理解的開始，改變的開始。正因為還有悲傷的能力，還有流淚的能力，愛與關懷才不致永恆地失落在冷寂的夜空中。

（三）「待續」的母系身世：《聆聽父親》

　　《聆聽父親》一書既然是以一個父親的口吻，述說父親（以及父親的父

〔註50〕見駱以軍《遠方》（台北：印刻出版公司，2003年6月初版），頁97。
〔註51〕見駱以軍《月球姓氏》：「我身旁這個老去的母親，一定正感傷卻柔弱地想著：這個兒子，在這一刻，又回到她身邊了。」（台北：聯合文學出版社，2000年11月初版），頁4～5。
〔註52〕同註50，頁105。
〔註53〕見駱以軍《第三個舞者》（台北：聯合文學出版社，1999年9月初版），頁262。
〔註54〕見王德威〈我華麗的淫猥與悲傷〉，收錄於駱以軍《遣悲懷》（台北：麥田出版，城邦文化有限公司發行，2001年11月初版），頁7～30。

親……）的故事，母親在書中只能屈居配角的地位自然並不令人感到意外。但有趣的是，在這寥寥可數的篇幅中，張大春仍企圖勾勒出一個「從來不作夢」〔註55〕的、實際、冷靜的女人，在「張家門兒」的地位與重要性。儘管這母親似乎也是沉默的，但讀者仍可從文中拼湊出故事大概的面貌：張父當年曾試圖藉故離家，遺棄他的妻子，但在張母間關千里從濟南到青島找到他之後——且「其中有一半的路途還是用她那雙有些許殘障的腳走出來的」（頁19）——儘管父親「一直不會忘記曾經想要離開我母親，那應該是人生之中一個非常短暫的片刻、一抹非常匆促的念頭、一次隱匿難言的陷落，最孤獨的核心」（頁 198），但他仍接受了這個曾經企圖爭取自由所換回的懲罰：「從此變成一個乖順的男人。」（頁 19）也因爲這段經歷，父親終其一生背負著對妻子的某種虧欠，以致在事隔五十年，重重摔了一跤之後，他對妻子說的第一句話是：「蘭英！我對不起你。」（頁 76）

　　然而母親在丈夫離家後是如何「挑起半個大宅的家務」（頁 200）、又是如何在極度的驚恐中以無比的勇氣動身前往青島（參見頁 230）？張大春說：「我此刻只能告訴你：那是另一本書的故事。在那本書裡，我的父親幾乎是缺席的。」（頁 200）換句話說，母親的故事「未完待續」，張大春在書中所傳遞的訊息可以說非常明確，亦即：母親是重要的，但她不是本書要陳述與描繪的重點。事實上，儘管文中強調母親的重要性，主要也是從「母親對父親的意義」這樣的角度來觀察，而絕少提及兒子自己對母親的觀感，以及母親如何影響兒子的認同。然而另一方面，小說卻又結束在母親旅程的起點，並在末尾強調此爲《聆聽父親》首部曲完」（頁 230），隱隱暗示著在未來可能出現的「二部曲」甚至「三部曲」中，母親將會是屆時的主角。這樣的意圖在若干訪談中似乎得到某種「證實」，張大春曾不只一次提到有關「女性家族史」的寫作計畫：「張大春在《聆聽父親》中，以男性爲主，刻意避開女性家屬。雖說『張家男人』老覺得自己在創造歷史，然而他說女性才是『張家歷史』的敘述者。『張家女人』可能就是張大春撰寫家族史第二卷的主題。」〔註56〕

〔註55〕見張大春《聆聽父親》（台北：時報文化出版公司，2003 年 7 月初版），頁 42。
　　　　關於母親「從不作夢」這一點，書中還有另一段落提及：「夢中有些什麼？我
　　　　母親從來不說。她自稱是個不作夢的人。就算作了，一睜眼就沒了影兒了。
　　　　我從小喜歡同她說說我的夢，同她說夢不會挨嘲弄，她總是說：『你腦子裡藏
　　　　的都是些甚麼？一抖露一大套；俺不行，俺省心。』」（頁 219）本節中再度引
　　　　用此書時僅註明頁碼，不另附註腳。
〔註56〕見賴廷恆〈張大春徹底離家〉，《中國時報‧D8 版》，2003 年 8 月 1 日。

「張家的男子很脆弱，真正掌管家族並且傳述家族故事的都是女人，因此接下來他要為女兒寫一部女性家族史。」〔註57〕張大春「待續的母系身世寫作」，至少有幾個可以進一步思考的方向：

如果從認同的觀點來看，張大春的家族書寫再次呼應了前述「敘述者的認同」與「作者的認同」不必等同觀之的論點，儘管母親在《聆聽父親》一書中篇幅有限，但張大春自認「受母親的影響不見得比父親少，我的母親很冷靜，我似乎可以藉由母親的寬容、冷靜看到父親由鄉愁產生的悲情。」〔註58〕換句話說，不書寫母親不等於不認同母親，書中沒有寫出母親對兒子的影響，也不代表母親對兒子不產生影響——或許正是母親的冷靜讓兒子「看到」了父親，才有可能進一步聆聽父親。誠如泰瑞・伊格頓（Terry Eagleton）所言：

> 文本的意識形態並非作者意識型態的「表達」：它是「整體的」意識形態經過美學的處理之後的產物，而多元決定的作者生平因素又會作用在此意識形態之上，作者的意識形態因此總是他在整體的意識形態之中採取某一個特殊的、被多元決定的觀點，去經歷、運作與呈現整體意識型態的結果。……作者的意識形態與整體的意識形態其間的關係，可能受到美學意識形態中介的影響：在文本中採取某種美學形式來生產整體意識型態，可能會取消（或與之矛盾）作者的意識形態想製造的整體意識型態。〔註59〕

簡單來說，雖然對父母的認同均涵蓋在作者的意識形態當中，而作者本人的意識型態也強調了母親的重要性，但是當張大春選擇了「聆聽父親」這樣的寫作形式（美學的處理）時，由於文本的意識形態乃是透過美學形式處理的產物，對父系身世認同的敘述基調此一創作形式也就抵消了「母親的重要性」。換句話說，不論張大春如何在訪談中強調母親與母系家族史的重要與「即將創作」，但純粹就《聆聽父親》一書本身來看，小說中所呈現的畢竟仍是父系認同書寫的。

若從文學創作的觀點來看，《聆聽父親》會不會繼續進行二、三部曲的創作，固然是作者個人的自由與選擇——如同張大春時常強調的：「作家本來就是獨

〔註57〕 見徐淑卿〈聆聽張大春，帶著笑聲的家族故事〉，《中國時報・開卷周報》，2003年8月3日。

〔註58〕 見楊錦郁整理〈創造新的類型，提供新的刺激——李瑞騰專訪張大春〉，《文訊》革新第60期（總號99），1994年1月，頁85。

〔註59〕 見 Terry Eagleton. *Criticism and Ideology*. London: Verso, 1978, 57、63.

裁的」。〔註60〕只不過在張大春洋洋灑灑的寫作計畫中，何時會輪到此一計畫的執行實屬未定之數。〔註61〕但眞正值得思考的是，其實對於小說的未盡之處，是否眞有以續集來「補完」的需要？如同黃錦樹在評論此書時，對於小說中有關存在的「橫向論證」之不足，曾「預言」道：「我想即使出續集大概也不會有太大的發展。因爲敘事人早已成了自己歷史的最後一人。」〔註62〕筆者不敢在此斷言尚未出現的作品之可能成就，但就作品本身來考量，《聆聽父親》其實不論在主題、內容或形式上，都毫無疑問是一部完整的作品，在家族書寫的領域亦占有一定的地位與意義。若眞有續集的出現，母系身世的追溯是否能對身世認同等議題進行更新或更深入的開展，自然有待屆時再做觀察。

二、母系認同書寫中的父親形象與父女關係

（一）父親過世時，我還太年輕：《昨日重現》

「父親過世很久了，當時我還是個很無知的人」。〔註63〕鍾文音在《昨日重現》中如是說。所謂的無知，其實是因爲當時的她還太年輕、太過任性，還沒有眞正地學會關於生命、死亡與分離的課題，以致父親「活著的時候我們從沒好好看過彼此」（頁 125）；父親離開之後，喪父之心的恨與痛又被青春的夢想所取代（頁 124）。於是女兒對父親的記憶，在經過歲月的磨損之後便只殘餘一些「經典」的影像印記：例如父親閉著眼抽菸的形像（頁 122）、父親常年穿著的長褲——因任性的女兒當年習於在此長褲中偷取錢財（頁 124）——以及父親生平最不可或缺的三樣物件：米酒頭、保力達 B 和長壽菸（頁

〔註60〕見謝金蓉〈張大春：作家本來就是獨裁的〉，《新新聞》第 560A 期，1997 年 11 月 30 日，頁 79。

〔註61〕楊照曾在一次與張大春的對談中指出，他聽過張大春許多的寫作計畫：「《刺馬》還差兩章，《大荒野》不是總共有九部嗎？……「南極蝦」的故事（張：對對對……）怎麼也不見了？不是還有一個《台灣事件》……」見魏可風整理〈文學外遇：張大春 vs.楊照談《撒謊的信徒》〉，《聯合文學》第 12 卷第 7 期，頁 17。另外在《聆聽父親》出書後，張大春亦曾提及新的寫作計畫如《大塊江湖》、《春詩三百首》、《煙花啓示錄》、《爹爹背著》……等，參見陳姿羽〈寫作的砝碼：2003 最佳書獎得獎作家直擊〉，《聯合報·讀書人版》，2003 年 12 月 14 日。而事實上張大春在 2005 年出版的新書則是說書形式的《春燈公子》（台北：印刻出版公司，2005 年 8 月初版）。

〔註62〕見黃錦樹〈悠悠說給兒孫聽〉，《中國時報·開卷周報》，2003 年 8 月 10 日。

〔註63〕見鍾文音《昨日重現》（台北：大田出版公司，2001 年 2 月初版），頁 123。本節中再度引用此書時僅註明頁碼，不另附註腳。

125）……。這些片段看似具體深刻，實則宛如斷簡殘編，難以拼湊出父親的全貌：

> 和父親有關的人世物件，就以這三樣物品（筆者按：指上述的菸與
> 酒）的記憶最爲完備，……但三樣東西畢竟屬於消費物，並非日夜
> 允我觀望和觸摸。那父親究還有何物，伴我成長？我偶會思起他，
> 卻想到他的空白如洗。由於存在之物如此之少，所以其實也是可以
> 拼成一張簡圖的。只是那圖裡所勾勒的座標，竟沒有遺下有何可供
> 傳家之物，我翻遍家裡的角落皆是徒然。加上家裡又搬過，每搬一
> 回就遺失一些，最後很快地有關他的記憶就會被遷出和不慎被改
> 編。（頁 128）

若將連結記憶的物件移除，「空白如洗」這四個字恐怕才是女兒內心深處，對於早逝的父親最深刻與眞實的印象感受。

其實，父親在女兒心中留下的印記之所以殘缺模糊，不只因爲他的早逝與她的年輕，也因爲父親的沉默。這份沉默使得父親的缺席同時具有象徵性和具體性：「象徵性的缺席是你就是現身也多沉默如陰影，遂常忘卻你的存在。具體性的缺席是你或在賭場，或出外工作，或者在陌生地。最後你徹底消失，以一種死亡來具體總結你在這個家的沉默。」〔註64〕反過來說，父親的早逝與缺席，卻也使得父親的形象多了一種距離外的，朦朧的美感，女兒對父親的情感亦因此不若母女關係般矛盾衝突，而是顯得純粹與寬容：父親的喝酒行爲對母親來說是「苦命的開始與象徵」（頁 126），但女兒形容喝酒後的父親形貌卻是「顏龐紅赤，如夕照拂面」（頁 127）；父親以歪斜筆跡寫下的借條，母親的詮釋是「欠人債，當然」（歪斜），女兒則以「心鬱筆顫」四字爲其加註。父親只是一個平凡的父親，「一生從來沒有成爲什麼，就是父親的角色也是沒有幾分像。」（頁 131）但在女兒眼中，即使如喝酒、借錢之事，也帶著幾許憂鬱的美感。

另一方面，也正因爲父親的早逝，女兒對父親的理解成爲一個延宕的過程——直到父親離去多年，而她眞正開始理解自己以後，她才體悟到自己與父親之間的相似與承繼：

> 我到這幾年才慢慢發現，其實我是像我爸爸的，……我以前一直不
> 覺得我像他，是因爲對自己的了解也很模糊，我這幾年才發現，包

〔註64〕見鍾文音《中途情書》（台北：大田出版公司，2005 年 11 月初版），頁 150。

　　括我浪遊世界、我很多任性的東西都跟他眞像。……我爸年輕的時
　　候就非常想去流浪，結果竟然是我承繼了他的步伐，這些都是始所
　　未料的。……女兒承繼了父親，可是這部分我一直沒有去處理它，
　　因爲我也是這幾年才發現。……我大概有提到說我的任性骨子裡來
　　自於他，可是我並不知道那個任性到底是什麼，我是這幾年才慢慢
　　發現，原來我那個部分這麼像我爸爸。包括很多方面還有價值觀，
　　我其實是比較認同我爸爸的。〔註65〕

雖然是遲來的覺察，但對於失去父親多年的女兒來說，這是她彌補當年的「無
知」，重現父親、尋回父親的方式之一。

　　鍾文音不僅在自己身上尋找父親的影子，也在愛情中尋找父親。情人們
「具體而微地展現我童年的匱乏與你（按：指父親）的缺席。……他們成爲
你的延伸，父的隱喻。」〔註66〕而愛情對於鍾文音，一如母親，總是切身而
糾葛，在這個意義上來說，父親成爲隱性的書寫題材，儘管鍾文音鮮少直接
書寫父親，但父親卻隱藏在關於愛情的書寫中、關於記憶的書寫中、關於死
亡的書寫中。或者更進一步來說，書寫本身在某種程度上就是她記憶父親、
克服父親死亡的方式：「父親走後，我和母親度了好幾年的苦，……好年冬，
一直到我找到書寫的力量時才降臨到我身。而母親靠的是記憶力的減退而遺
忘了她自身的苦。」〔註67〕「相傳起初傳教士們爲了取悅上帝而廣製香水，
而我爲了取悅同樣在天的亡父，我創造了自身的書寫。」（頁143）或許，我
們無須在鍾文音的作品中尋找關於父親的書寫，因爲在文本當中，他其實無
所不在。

（二）「有時我覺得我已把父親殺死了」：《海神家族》

　　「無父」在《海神家族》一書中具有相當重要的象徵意義，小說裡的女
兒都沒有父親，「父親的缺席」可說莫此爲甚：綾子的父親「在她三歲時出海
後再也沒回到陸地」〔註68〕；靜子與心如的父親一個失蹤、一個逃亡；在二
馬返鄉前，他的女兒曉棣四十年來從未看過自己的父親，四十年後她也拒絕
認識這個父親；至於二馬在台灣的女兒們，同樣覺得自己沒有父親。無父的

〔註65〕見附錄四、鍾文音訪談紀錄，頁326。
〔註66〕見鍾文音《中途情書》（台北：大田出版公司，2005年11月初版），頁151。
〔註67〕見鍾文音《美麗的苦痛》（台北：大田出版公司，2004年10月初版），頁274。
〔註68〕見陳玉慧《海神家族》（台北：印刻出版公司，2004年10月初版），頁27。
　　　　本節中再度引用此書僅註明頁碼，不另附註腳。

女兒選擇以不同的態度看待失去父親一事，也以各自的方式面對未來的人生。失去父母後的綾子，在舅父母家得不到溫暖與關懷，埋下她日後決定離鄉背井、飄洋過海的人生伏筆；靜子藉由想像「父親是唯一愛過她的人」（頁154）來彌補母親不愛自己的缺憾，儘管父親的面容其實是如此模糊；同樣是想像父親，靜子想像的是父親的愛，不曾看過父親的心如則靠著照片與大人們的言說，試圖拼湊並塑造出一個值得崇拜的理想父親，一個會飛零式戰鬥機的飛行英雄（參見頁284～285）；曉棣選擇恨她的父親，她的生命中從來沒有父親的存在，即使父親在四十年後回來了，她仍不願見他（參見頁 248～249）。但其中最重要與著墨最多的，當然仍是小說敘述者如何看待她的父親，如何面對無父之感。

「有時，我覺得我還在尋找一個父親，一個可以安慰我、引導我的人。但有時，我又覺得我已經在心裡把自己父親殺死了。」（頁 189）這是無父的女兒心中的矛盾，女兒原是渴望父親的，但離家的父親、失蹤的父親、一個沒有父親以致自己也不會做父親的父親，沒有辦法滿足女兒對父愛的渴求。失去父親的女兒於是在尋找父親與殺死父親的兩極中擺盪。就某方面來說，她是厭惡父親的：「我討厭聽他說話，他總是自以為是，他說謊。」（頁 193）有時她甚至不願意承認這個父親，一次父親帶她去買鞋，她不僅不與他說話，更堅持走在他身後與他保持距離，因為「我不要別人知道他是我父親，我自己也不希望他是我父親。」（頁 196）父女之間的關係是如此疏離陌生，甚至到了無話可說的地步：「我回家時，他不是安靜地坐在電視機前便是掃地或讀報紙，『爸，您看報紙啊？』我經過他時會這麼問，『嗯，看報紙。』他也會這麼回答。或者，『爸，您掃地啊？』『嗯，掃地。』」（頁 195）但另一方面，與父親疏離並不等於女兒不需要父親，因此當父親選擇離家，到大陸的妻女身邊時，她仍忍不住對父親說：「爸，我也是你女兒呀。」（頁 197）只是父親仍執意離去。留不住父親的女兒，最後只好選擇「殺死」父親。

基本上，陳玉慧是有意識地在小說中處理「弒父」這個主題的，如同她在訪談中提到的：

> 西方文學中常出現弒父的主題，但在中國文學裡並不多見，……我自己個人對父親角色是愛恨交加，我的確在心裡將父親的形象殺過不知多少遍了。生長在父權思想濃厚的台灣社會，我的父親剛好也是一個威權的父親，甚至，我也常不能忍受中國政府動輒以父權的口氣指責

台灣，我真是滿心想反叛，我覺得，若不殺死這些父親形象，我根本
不能成長為完整的個人。但你知道我的父親還活著。〔註69〕

也就是說，「威權父親」和「中國父親」同時具有象徵與實質的意涵，既指涉
小說敘述者的父親，也代表著「中國」與「台灣」之間的權力關係，公歷史
與私歷史因此產生巧妙的連結。而且此種反抗父權體制的「女兒的弒父」，「不
是要變成父，而是要終結父。」〔註70〕更進一步來說，「弒父的最終目的應是
弒『權』而非弒『父』。」〔註71〕陳玉慧的家族書寫、歷史書寫，以「背叛男
性大敘述」〔註72〕的筆法述說女性的歷史，建構出一部「無父」的家族小說，
她「採取解構手法讓主宰家庭的男性退位，使女性主體在歷史記憶中誕生。
父祖之國消失，媽祖之土浮現，彷彿在重新詮釋台灣史的流變，是全新的女
性史觀。」〔註73〕正可說是她反抗父權的具體實踐。

但是，如果回到小我的「父」來思考，「無父」的女兒何以還需要「弒父」？
這或者是因為：無父的女兒真正想「殺死」的，是自己心中那份對父的渴望。
其實，如果觀察陳玉慧早期的作品，就會發現對父母的愛、恨、矛盾、懷疑
與渴望，在不少作品中都隱約可見，若將它們和《海神家族》並置比較，將
可看出陳玉慧最後對於父母「不愛自己」的包容與接納，其實並不是突如其
來的體悟，而是經過漫長的心路歷程而來。早在《失火》一書的〈有話要告
訴您〉，已表現出女兒對父親的複雜感受，女兒一方面對父親感到失望，並且
對父親是否愛自己感到懷疑與不信任：「人家常說小時候您非常愛我，對不
起，我都不記得了。」〔註74〕但另一方面她又希望甚至覺得自己似乎不再恨
這個沉默的父親了：「我發現我不再恨您了。……我發現我有話要告訴您。」

〔註69〕見明夏〈丈夫以前是妻子〉，收錄於陳玉慧《海神家族》（台北：印刻出版公
司，2004 年 10 月初版），頁 331。
〔註70〕見廖咸浩〈尋父之悲情與弒父之必要──台灣世紀末的父／權〉，《聯合文學》
第 12 卷第 10 期，1996 年 8 月出版，頁 73。
〔註71〕同前註，頁 75。
〔註72〕見陳芳明〈從父祖之國到媽祖之土──初讀陳玉慧《海神家族》〉，收錄於氏
著《孤夜獨書》（台北：麥田出版，城邦文化有限公司發行，2005 年 9 月初版），
頁 94。
〔註73〕見陳芳明〈以擦亮每一顆文字刷新歷史──《九十三年散文選》序〉，收錄
於氏著《孤夜獨書》（台北：麥田出版，城邦文化有限公司發行，2005 年 9
月初版），頁 103。
〔註74〕見陳玉慧《失火》（台北：三三書坊，1990 年 7 月初版），頁 136。

〔註75〕在《你是否愛過》與《巴伐利亞的藍光》等書,同樣可以看到父親在女兒心靈上所造成的欠缺感:「在我年輕時,甚至在我年紀已這麼大的時候,某些時刻我仍然淚流:我也需要一個父親!一個可以告訴我人生之路怎麼走的人。」〔註76〕以及她是如何試著去愛這個缺席的父親:

> 我的父親一輩子都沒得到足夠的愛,沒有人愛過他。他從來不知道如何表達愛,……我的父母不像父母,不像別人的父母,或者,他們不是父母,他們只是兩個需要愛但不知如何得到愛也不知如何與別人相處的人。……而我也沒愛過他們。我正在學習,如何去愛從來沒愛過我的父母,或者,從來也沒有人愛他們的父母。……我正在學習接受他們,如果可以,愛他們。〔註77〕

> 我有父親,但我的父親也不是父親,我也一樣在尋找父愛。……我也明白,我們的父親並不是不願意給我們父愛,只是他們辦不到,他們可能永遠也辦不到,而且他們還不知道;這一生我們可能都必須學習如何去愛他們;是他們在召喚著我們去瞭解他們的無能,這不也是一種愛嗎?〔註78〕

如果從上述的引文,可以看出女兒是努力試著說服自己去理解父親,甚至去愛父親的——儘管父親不愛自己,儘管父親不像個父親。但是單憑理智顯然不足以完全克服自己內心眞正的感受,因此她仍不時懷疑:「我應該把腦中的父親形象殺掉,還是與之和解?」〔註79〕「我還是那個有一天要向父親證明『他曾經錯待了我』的那個孩子嗎?」〔註80〕要愛一個宛如陌生人般的父親是多麼不容易,矛盾和懷疑的感覺因此如影隨形,直到「兩把椅子」開啓了改變的契機:

> 我必須和兩把椅子說話。

> 我的父親是一把椅子,我的母親是另外一把。他們都是古董椅子,年代不是太久遠的那種古董椅。他們坐在我面前,我站在那裡,我

〔註75〕見陳玉慧《失火》(台北:三三書坊,1990 年 7 月初版),頁 137〜138。

〔註76〕見陳玉慧《你是否愛過》(台北:聯合文學出版社,2001 年 7 月初版),頁 64。

〔註77〕同前註,頁 86〜87。

〔註78〕同註 76,頁 188。

〔註79〕見陳玉慧《巴伐利亞的藍光》(台北:二魚文化有限公司,2002 年 4 月初版),頁 39。

〔註80〕同前註,頁 113。

的不愉快的童年經驗是椅墊，我把椅墊交還給兩把椅子，我轉身去，
看到窗外的風景，那是我的未來，我踏出一步，有點不放心，但是
我可以再踏出一步。

我從此回到孩子的位置，我是他們的孩子。我多麼希望他們能多愛
我一些，多保護我一些，我多麼希望我是個無憂無慮的孩子。

兩把椅子無言地坐在那裡，椅墊也無言地擺在那裡。

我已經離開那兩把椅子了。〔註81〕

「兩把椅子」其實是心理諮商或心理劇常用的技巧，稱之為「空椅技術」
（empty chair），讓個案對著心中對立的想法或是想像中的他者（空椅）說話，
一方面可以藉此整理出心中衝突的情緒，亦可藉由代入他者角色的方式，體
會對方的感受。

　　由空椅出發，女兒亦不是立刻就能打開心結，最初的時候椅子無言、椅
墊無言，必須和椅子對話的女兒亦無言。但當她嘗試之後，卻成為書寫家族
故事的開始：「當我開始跟椅子說起話後，小說人物就自己做開場白了。」〔註
82〕透過書寫，女兒真切地將自己代入父母的角色、扮演父母的角色，想像他
們的經歷，並且設身處地地感受得不到愛的他們、在大時代流離的他們，如
何在自身難保的情況中回應生命。如此一來，她才能真正面對與接受過去說
服自己的那些理由，這或許才是《海神家族》的女兒，最後能夠以包容接納
之心面對父母與過去的原因。

第三節　書寫家族的幾種形式與藝術

　　在前述各章中，筆者已從認同的不同面向，來分析幾部家族書寫作品之
思想內涵，本節則試圖由形式技巧的角度，對本文主要論述之五部作品進行
探討。一方面希望藉由幾位作家書寫家族的不同形式，更深入地了解作品之
文學性與藝術性；另方面以不同的形式技巧來呈現家族故事，往往亦有其不
同的目的或效果，值得進一步加以探究。當然，每部文學作品均為多種不同

〔註81〕見陳玉慧《巴伐利亞的藍光》（台北：二魚文化有限公司，2002 年 4 月初版），
　　　　頁 118～119。

〔註82〕見明夏文，陳玉慧譯〈丈夫以前是妻子——評論家丈夫明夏專訪小說家妻子
　　　　陳玉慧〉，收錄於陳玉慧《海神家族》（台北：印刻出版公司，2004 年 10 月初
　　　　版），頁 327。

的形式藝術交互作用下的產物,因此筆者以下提出分析的,自然也不可能是文本中唯一的形式特色,而是針對其中較為特殊之處予以析論,期能提供一個觀察形式藝術的思考方向。

一、《逆旅》中的魔幻書寫

《逆旅》一書在寫作技巧上採取了虛實相間、融合魔幻寫實的筆法,交織出風格獨特、具有傳奇色彩的家族故事。「《逆旅》設立了許多小標題,各有不同的敘述觀點,父與女雙線情節線,乍看似是獨立的散文,其實是頗費周章,各有機杼。她運用許多奇特的筆法,從各種不同的角度,把非常繁雜的情節淋漓盡致地展現出來。」〔註83〕例如在〈餓〉一篇當中,女兒在疲累間發現父親竟然在電視上做菜,父女兩人在電視內外對談,父親一面煮麵,一面道出童年的回憶、流亡時的飢餓與匱乏,小說最後女兒突然與「變成十六歲少年郎」的父親站在月台上,父親急著帶女兒趕上「流亡學生的專車」,女兒卻不願跟隨:

> 「爸,可是你根本就不應該搭這班火車的,如果你不搭,就不會到
> 台灣去,也就不會有了後來的我。」
>
> 「我知道,我當然知道。」一轉頭,爸的臉色黯淡下來,又變回七
> 十歲的老人,他竟站在月台邊掩臉痛哭起來:「可是我好餓,真的,
> 妳知道我有多餓嗎?如果不是餓,我就不會離開家鄉,⋯⋯如果不
> 是餓⋯⋯」〔註84〕

父親的痛苦悔恨、父女的疏離隔閡,在如幻似真的文字中充分展現。至於書寫母親的幾個段落,顯得更為抽離現實,她強調由母親與她共同回憶所組成的童年往事:「就像是一個混合了巧克力粉的發酵麵團,可以扭曲變形到什麼程度呢?恐怕連我也無能估計。」(頁26)又如〈情人們〉一文,更是「在故事敷設得差不多時橫生突兀的岔出來作一些魔幻寫實的表演」。〔註85〕對於一部家族書寫作品來說,這種寫作手法的目的與效果何在?誠然是個值得思考

〔註83〕 見張師素貞〈傷悼流年、流亡、流浪 —— 郝譽翔的《逆旅》〉,收錄於氏著《現代小說啟事》(台北:九歌出版社,2001年8月初版),頁222。

〔註84〕 見郝譽翔《逆旅》(台北:聯合文學出版社,2000年3月初版),頁149。本節中再度引用此書時僅註明頁碼,不另加註腳。

〔註85〕 見張瑞芬〈彷彿在君父的城邦 —— 郝譽翔《逆旅》、駱以軍《月球姓氏》、朱天心《漫遊者》三書評介〉,《明道文藝》第299期,2001年,頁32。

的問題。

　　值得注意的是，郝譽翔在小說的〈前言〉與〈後記〉中，強調的其實是本書的「眞實性」，在〈前言〉中交代了啓動此部小說創作的「刺點」（punctum）〔註86〕所在：在一場父女餐聚的場合中，突如其來放聲大哭的父親（參見頁10）。〈後記〉中則說明了「關於本書的『眞實』」是由父親的口述、以及《山東流亡學校史》所逐步拼湊而成（頁187）。除此之外，她亦曾於研討會上明確表示寫《逆旅》是基於「實際經驗的驅使」，因當時父親表示要回大陸，不回來台灣了，在極大的震撼下，她因此寫下這部「給父親的告別辭」，她說：「寫《逆旅》的最大的動力還是自身的經驗，對我而言，我認爲家族或家人——其實就是我的父親與母親——是我生命中最奧妙也最富情感的了，所以我不會放棄對他們的故事的考掘。」〔註87〕也就是說，郝譽翔一方面強調此書的眞實性，卻又在書裡穿插了許多的魔幻筆法營造虛構氣氛，這看似矛盾的安排或許是郝譽翔有意爲之的選擇。

　　筆者以爲，郝譽翔在《逆旅》中的魔幻筆法，除了「希望全文增添一些奇幻恢詭」〔註88〕的用意之外，或許一部分的原因仍在於希望「和現實生活及讀者保持一段安全的距離」。如同她曾在訪談中提過的，散文和小說不同，「小說較注重故事的發展，散文則較注重內心的描寫，書寫抽象的思想。」〔註89〕雖然在她的作品中兩者時常界線模糊，但由於小說經過了虛構與再造的過程，因此它絕對不等同於「經驗的本身」，讓她不會感到讀者直接闖入了她的生活。〔註90〕魔幻筆法在某種程度上因此成爲一種「安全機制」，把讀者、小說與她的眞實世界區隔開來。如同她對駱以軍新作《我未來次子關於我的回憶》〔註91〕一書的評論：

　　　　它雖是一本誠懇之作，但當讀者正想爲小說中父親的倉皇狼狽而不

〔註86〕郝譽翔在此是借用羅蘭・巴特論攝影時的觀點，有關刺點的意義在本節論鍾文音的影像書寫時會有進一步的分析，因此暫不贅述。

〔註87〕見李美麗紀錄〈記憶與再現——臺灣當代小說中的譜系探索〉，《中央日報・18版》，2001年2月16日。

〔註88〕見張瑞芬〈彷彿在君父的城邦——郝譽翔《逆旅》、駱以軍《月球姓氏》、朱天心《漫遊者》三書評介〉，《明道文藝》第299期，2001年，頁32。

〔註89〕見莊宜文〈郝譽翔：在無菌的眞空世界〉，《文訊》1997年3月號，頁31。

〔註90〕參見附錄一、郝譽翔訪談紀錄，頁270～271。

〔註91〕見駱以軍《我未來次子關於我的回憶》（台北：印刻出版公司，2005年11月初版）。

> 禁感傷時，卻又會猛然警醒：原來這不過都是兒子不可靠的記憶罷
> 了，或只是一篇兒子多情的擬造。於是，駱以軍的真實面目，又再
> 度從文字的煙幕中閃躲開了。〔註92〕

關於郝譽翔、郝福禎的真實面目，又何嘗不是在魔幻寫實的文字煙幕中巧妙
地閃躲開來？但作品的文學性、藝術性卻也正是在這樣的過程中開展出更豐
富多采的面貌。

至於在〈前言〉與〈後記〉中現身，強調作品真實性的「郝譽翔本人」，
與書中做為郝譽翔化身的「敘述者郝譽翔」，或者以魔幻筆法寫作的「作者郝
譽翔」，究竟何者才是「郝譽翔」的真實面目？或者說其中究竟是否存在著所
謂「郝譽翔」的真實面目？瑪格莉特・愛特伍（Margaret Atwood 1939～）的
說法或許可以提供我們一些思考此問題的方向：

> 「作者」，大寫的作者，與做為其化身的那個人之間的關係……本質
> 在兩者間流動，缺了其中一個就活不下去。以薩・迪納森用來形容
> 生與死、男與女、富與貧的話，在這裡也適用：作者及相連的那個
> 人是「兩個上鎖的盒子，裡面分別裝著開啟對方的鑰匙」。……就算
> 我們自己是作家，也很難在寫到一半的時候逮著自己，因為我們必
> 須全神貫注於當下的書寫活動，而非貫注於自己。〔註93〕

她並以《愛麗絲鏡中奇遇》做為比喻，認為書寫動作的發生，就如同愛麗絲
穿過鏡子的那一刻：

> 在那一瞬間，隔開兩者的玻璃鏡面消融不見，愛麗絲既不在鏡裡也
> 不在鏡外，既不是藝術面也不是人生面，既非此也非彼，但同時卻
> 又以上皆是。在那一刻，時間停止並無限延伸，供作家和讀者盡情
> 享有。〔註94〕

如此看來，追究文字煙火背後的虛實終究是不可能的，但讀者還是能夠一方
面以欣賞的眼光看待作者所苦心經營的這場華麗演出，一方面從虛實莫辨的
文字中，推敲「大寫的作者」與他的化身之間，如何開啟上鎖的對方，從而

〔註92〕見郝譽翔〈沒有出口的文字迷宮〉，《中國時報・開卷周報》，2005年11月13
日。

〔註93〕見瑪格莉特・愛特伍（Margaret Atwood ）著，嚴韻譯《與死者協商：瑪格莉
特・愛特伍談寫作》（台北：麥田出版，城邦文化有限公司發行，2004 年 3
月初版），頁90～91。

〔註94〕同前註，頁93。

思索藝術面與人生面如何彼此穿透，延伸出美麗的文學風景。

二、《月球姓氏》中的家庭劇場：

> 《月球姓氏》意圖以「我」的有限三十歲時間體會，召喚、復返、
> 穿梭「我」這家族血裔，形成身世的那個命定時刻。所以我的想像
> 中，每一個章節宛如一個電腦遊戲的儲存檔案匣，每一章節的啓動
> （故事），皆如一二三木頭人的咒語解除，皆是一封閉時空內，一組
> 人物由凍結狀態解凍、開始搬演「當時」那命定時刻的戲劇現場。……
> 那些時刻（停格的瞬間）如此迷離，我為之神魂顛倒、反覆觀看，
> 它們決定了「我」和與「我」有關的家族成員們如今感傷的境遇。
> 〔註95〕

這是駱以軍對於《月球姓氏》的創作源起所做的自述，此段文字相當清楚地
呈現出《月球姓氏》的一個重要特色，就是小說的「劇場性」。全書的二十一
個章節幾乎均由地點構成：火葬場、辦公室、超級市場、動物園、廢墟、醫
院，……宛如二十一幕看似時空獨立實則環環相扣的舞台劇，「幕與幕的開啓
與間歇效果，是適合在層層幃幕下搬演的故事，換下個布幕打上另一個背景
藍光和道具，主人翁又出現在另一個時空和記憶了。」〔註96〕

　　但是，嚴格來說，駱以軍這種如同搬演「舞台劇」般的寫作方式，並非
在《月球姓氏》中首度出現，而是有跡可循的，甚至可以說是駱以軍長期以
來寫作的「基本技藝」，如黃錦樹所言：

> 《妻夢狗》的重要性在於確立了駱以軍的基本技藝——可以將之命
> 名為**自我的技藝**——一種環繞於自我知覺的舞姿，也是他組建意
> 義、探詢真理的方式。其中幾個基本特徵，如私小說的書寫策略（如
> 果再往內心沉湎即為顯明的內向性）、家庭劇場（順著私小說的邏
> 輯。環繞著我與妻、父母、親友展開故事情節）。〔註97〕

證諸駱以軍自《妻夢狗》至今的作品，可知黃錦樹所言不虛，內向性的自我

〔註95〕見駱以軍〈停格的家族史：《月球姓氏》的寫作緣起〉，《文訊》2001年2月號，
　　　　頁101。
〔註96〕見鍾文音〈無根的家族樹〉，《中國時報・42版》，2000年12月7日。
〔註97〕見黃錦樹〈隔壁房間的裂縫——論駱以軍的抒情轉折〉，收錄於氏著《謊言
　　　　或真理的技藝：當代中文小說論集》（台北：麥田出版，城邦文化有限公司發
　　　　行，2003年1月初版），頁355。黑體在原書中為標楷體。

揭露、私小說的文字風格、劇場感的篇章架構，幾乎涵蓋了駱以軍予人的小說印象。即便是最新出版的《我未來次子關於我的回憶》一書，似乎亦不脫此一在家庭劇場內進行「對內在世界的逼視」﹝註 98﹞之軌跡。要將這樣的風格特色視之爲駱以軍對自己「創作理念的實踐之堅持」，或是「落入重複的窠臼」也許見仁見智，但筆者在此所欲檢視的，並非以縱向的方式細論駱以軍作品間的同異之處，而是試著從《月球姓氏》做爲一部家族書寫作品的角度，來思考此種創作方式所能達到的效果或意義。

如前所述，對於《月球姓氏》中形式的劇場感，駱以軍是有意識地在操控著的，二十一「幕」文字演出共同組成了如「蜂巢」﹝註 99﹞般的身世架構。從小說的形式動機來說，駱以軍一方面企望透過複格的形式，在講故事的過程中不斷地翻弄，開啓進入另一個故事之門，在看似不斷的離題間，建構出一個如同繁複教堂般的華麗、雄偉之文字建築；一方面則是基於以下的認知：雖然自己所累積的故事量，不足以寫成如大河小說般的長篇鉅構，但是在都市成長的生活經驗，讓他擁有另一種對於多元切割空間之記憶敏銳度，加上本身對劇場空間雕塑之熟習，均直接間接地促成了《月球姓氏》中「家庭劇場」之成形。﹝註 100﹞此種創作方式之優勢在於它極具「便利性」，作者可以不斷地更換劇場時空，小說人物、事件、記憶得以反覆穿梭、跳躍於個個場景之間，「透過記憶菱鏡裡的一再切割、迴映、演繹（secondary elaborations）」﹝註 101﹞，進而打破單一向度的、線性的時光流轉，從而交織出繁複而迷離的身世詩篇。從這個角度來看，在駱以軍精心營造的「家庭劇場」所涵蓋的眾多元素中，時間的重要性無疑比空間更爲重要，簡言之，劇場時空的任意切換主要並非爲了「場景」的變化，而是「時間」的停格。或者我們可以說，「時間」正是開啓駱以軍「身世書寫」的關鍵字。

陳國偉曾引用駱以軍〈時間之屋〉的一段文字——「我感到房子正在崩毀，因爲時間如沙自它的牆角抽身離開」﹝註 102﹞，做爲駱以軍小說中時空關係之明證：

﹝註98﹞參見郝譽翔〈沒有出口的文字迷宮〉，《中國時報‧開卷周報》，2005 年 11 月 13 日。
﹝註99﹞見附錄二、駱以軍訪談紀錄，頁 302。
﹝註100﹞參見附錄二、駱以軍訪談紀錄，頁 301～302。
﹝註101﹞見廖炳惠〈來自懵懂的記憶角落〉，《中央日報‧21 版》，2001 年 1 月 3 日。
﹝註102﹞見駱以軍《妻夢狗》（台北：元尊文化有限公司，1998 年 7 月初版），頁 174。

　　時間做爲空間的內在結構支撐，空間決定著人的意義，而時間從內在
　　將其定義顛覆，所以一旦時間崩塌，空間也隨之毀壞，個人主體也隨
　　之覆滅，意義四散。但時間不只以一種基礎性的本質狀態存在，更轉
　　化成一個個的空間／劇場，將人的意義分割成許多斷裂。〔註103〕

他並指出，當人的意義斷裂成無數碎片，重拾記憶與身世的過程中就必然產
生自我與他者的錯位，而不論身世或記憶的碎片，均無法拼貼完全，此一由
時間介入所造成的「錯位美學」與悲傷氛圍，就成爲駱以軍小說的重要特質。
〔註104〕而由於《月球姓氏》全書之焦點乃是「身世之追溯」，駱以軍置放於
「停格的時間之屋」所搬演與陳述的家族故事，因此適足以體現他對「時間」
與「身世問題」之密切關聯的思索與關注：如果說「我」的身世乃是在過去
某一時空中父母之偶然交會所凝結而成，而父母的身世又各自由他們父母之
偶然交集所構成……如此層層上推，這謂之「身世」或「命運」的奇妙產物，
原來是早在無窮久遠之已逝時光就被設定的，那麼身處於「現在」的「我」，
在這場與時間、命運的對決中，似乎注定是永遠的輸家？駱以軍不甘如此，
書寫於焉產生。

　　「我總是習慣將那些回憶時光裡的畫面來回播放：倒帶、停格，或是快
轉，試圖找到某個關鍵性卻被我遺落的時間點。我總是相信：某些神秘時光
的進入，如果可以找到那開始的關鍵瞬刻，甚至可以聽見畫面外有人按下碼
錶的清脆聲響。」〔註105〕書寫在某種意義上來說，是駱以軍和時間的角力，
文字則是他將腦海中這些重複播放的回憶畫面具象化的方式。藉由不斷地將
時光喊停、跳躍、穿梭往返於記憶之現場，並揉合眞實與虛構、夢境與現實，
駱以軍不僅挑戰了逝去的時光（在某種程度上也等於挑戰了「死亡」），亦因
此得以重新「改寫」自己的身世。然而問題並非如此輕易就可解決，駱以軍
心裡也明白，他其實永遠找不到那所謂的「關鍵瞬刻」，因爲在這一個「關鍵
瞬刻」之前，必然有另一個「關鍵瞬刻」造成此一瞬間的產生，這樣的努力
將會是一個無窮後退的困境，這或許是何以在新作《我未來次子關於我的回
憶》之中，駱以軍要以自己「次子」的身分跳躍到未來的時空，翻轉「駱氏

<hr>

〔註103〕見陳國偉〈世界秩序的汰換與重置——駱以軍小說中的華麗知識系譜〉，《第
　　　　　五屆青年文學會議論文集》，2001 年 11 月初版，頁 17。
〔註104〕同前註，頁 16～22。
〔註105〕見駱以軍《遣悲懷》（台北：麥田出版，城邦文化有限公司發行，2001 年 11
　　　　　月初版），頁 114。

子孫身世故事」的原因之一。弔詭的是，在「未來時空」的駱氏次子，畢竟仍究在翻檢「過去」之回憶，於是這樣的記憶圖象之檢視，最後還是不免無窮後退到那永遠追不回的已逝時空中。那麼，一切的書寫與思索豈非均爲枉然？或許也不用那麼悲觀。試借以艾竺恩・瑞琪（Adrienne Rich）的詩句〈潛進殘骸〉（*"Diving into the Wreck"*）作結：

> 我來探索殘骸。
>
> 文字是目的。
>
> 文字是地圖。
>
> 我來看這裡遭到什麼損傷
>
> 以及遍地的寶藏……〔註106〕

駱以軍的家族書寫，或者說他對抗已逝的「時光殘骸」之努力，又何嘗不可作如是觀？

三、《昨日重現》中的影像重現

　　鍾文音在《昨日重現》一書的副標題開宗明義地表示：這是一部「物件和影像的家族史」，全書亦搭配了許多物件和人物的照片做爲連結記憶、召喚過往時光的方式。因此我們可以說，影像的書寫和照片的觀看，是本書在寫作技巧上的重要特色之一，也是它和其他家族書寫作品較爲不同之處。但是，如果以爲《昨日重現》中的影像呈現，只是爲了達到「看圖說故事」的目的，將照片做爲一種「歷史寫眞」、「營造懷舊氣氛」的工具，恐怕是誤解了鍾文音運用視覺、影像來建構／重現記憶的巧思。不過在分析鍾文音的影像書寫前，或許我們應該先回頭思考「觀看」與「照片」之意義。

　　「觀看」爲何重要？因爲「觀看先於言語」〔註107〕，我們用言語解釋這個世界，但是言語永遠無法完全地闡述我們所置身的世界，藉由觀看，我們則可直接地確定自己置身於周遭世界中。〔註108〕至於將時空加以「停格」、凝結於某一固定瞬間的照片，由於具有再現影像與召喚記憶的功能，可將那些

〔註106〕引自瑪格莉特・愛特伍（Margaret Atwood）著，嚴韻譯《與死者協商：瑪格莉特・愛特伍談寫作》（台北：麥田出版，城邦文化有限公司發行，2004年3月初版），頁227。

〔註107〕見約翰・伯格（John Berger）著，吳莉君譯《觀看的方式》（台北：麥田出版，家庭傳媒有限公司城邦分公司發行，2005年10月初版），頁10。

〔註108〕同前註，頁10。

我們永遠失落的親人以及時光，永遠保留在照片停格的時空中，因此對許多
人來說，照片無疑是相當重要的「紀念品」，供我們憑弔與回憶。但是，照片
凝結時空的特色，是其優點卻也是局限，無論如何拼貼重組，照片事實上都
無法真正再現影像的全貌。如果將照片視為客觀真實的重現，反倒可能因此
感到雙重地失落（失落了真正的過往與照片所能提供的心理上的安慰感）：

> 媽媽過世以後，我在她內湖的家裡翻箱倒櫃，找出幾張她年輕到老
> 的照片，覺得不這麼做，就會漸漸忘記她的模樣。可是照片畢竟是
> 瞬間的、凝結的，沒有辦法重現媽媽的神情，讓我很失望。〔註109〕

因此，若能將照片視為一種召喚過往時光的線索，而非唯一的憑弔之物，或
許就不會執著或感傷於照片凝結固定時空，無法真正再現親人神情的限制，
而能在有限的感官經驗之外，找到超越時空的可能。〔註110〕這其實也正是鍾
文音在《昨日重現》中影像書寫的最重要特質。

　　在鍾文音筆下，物件與照片只是召喚記憶的起點，而非驗證記憶的配件。
如同柯品文所言：

> 本書中的文學「意象」與照片「影像」的關係，其重要性在於「照
> 片」是個交集物，……在《昨日重現》中其安插的照片、圖說的文
> 字與文章內容的本身，都確實承載著作者強大記憶（或說是追憶）
> 的強大情感。……不可忽視的是，照片不單只是這部作品中出現的
> 一個「物件」角色罷了，更重要的是透過了它，一個投射物，那些
> 被作者拼湊起來的情節、人物、環境背景等等，都不再居於一種既
> 定的框內位置，而是隨著文字與影像開始啟動了自己屬於框外的生
> 命。〔註111〕

遊走於老照片和舊事物的回憶之間，鍾文音不是要提供讀者「對『照』入
座」的視覺訊息，而是呈現出一種觀看的方式。因此在照片所提供的視覺訊
息之外，鍾文音開展甚至「創造」出照片以外的認知和記憶：其中最經典的
例子，莫過於當她看著照片中明明「一點也不瘦」的祖母，又同時聽到母親
對祖母的叨念時，順手畫在紙上的祖母畫像是「一顆黑心和一個乾瘦的婦

〔註109〕見陳文玲《多桑與紅玫瑰》（台北：大塊文化出版公司，2000年5月初版），
　　　　頁179。
〔註110〕本段落參見拙作〈試論當代台灣家族書寫中的感官記憶〉，《中國學術年刊》
　　　　第27期，2005年9月，頁217～218。
〔註111〕見柯品文〈屬於那些重生的家族記憶〉，《文訊》188期，2001年6月，頁35。

人」。〔註112〕在此孫女對祖母形象的塑造與感受，顯然違背了照片中祖母的「實際形象」，正說明了認知所扮演的角色。但是「照片」與「記憶」之間，對作者而言，究竟何者才是「眞實的祖母形象」？卻是個值得玩味的問題。鍾文音帶領我們進一步去思考的，正是觀看的本質、以及「觀看照片的方式」。

基本上，觀看其實是一種選擇的行爲：

> 這種先於言語的觀看，這種永遠無法以言語完全闡述的觀看，並不是機械式的刺激反應。……我們只看見我們注視的東西。注視是一種選擇行爲。……我們注視的從來不只事物本身；我們注視的永遠是事物與我們之間的關係。在我們能夠觀看以後，我們很快就察覺到我們也可以被觀看。當他者的目光與我們的目光交會，我們是這個可見世界的一部分就再也沒有疑義了。〔註113〕

觀看既然是選擇的，觀者的觀看方式自然就影響了他對影像的感知，而鍾文音在書中呈現與書寫影像的方式，毋寧較接近羅蘭・巴特（Roland Barthes）在《明室》中提到的「刺點」（punctum）。根據巴特的說法，觀看照片有兩種元素，其一是「知面」（Studium），其二是刺點。知面可令人對照片產生興趣，但並不會特別深刻，它是「一延伸面，一個場或畫面的擴展，根據我的知識文化背景可以駕輕就熟地掌握。」〔註114〕刺點則可打破知面，它是照片中「吸引我，弄傷我的小細節」〔註115〕，它不是在照片中找到的，而是觀者「把它添進了相片，然而它卻*早已在那裡*。」（斜體是原書所加）〔註116〕如同鍾文音在「望著一幀童年在某個路口前合影的照片時，想起的是大年初一時，母親打開衣櫃的樟腦丸撲鼻氣味。」〔註117〕隨之而來的則是她如何不願穿那件舊的紅色大衣，以及有關童年匱乏、衣服與衣櫃等等的回憶。衣櫃與樟腦丸並不是出現在相片上的元素，而是觀者加進相片中的，但另一方面來說，它又是原本就在那裡的，是隱藏在其中的無形力量：「在鋪陳的畫面上，因莫名所

〔註112〕見鍾文音《昨日重現》（台北：大田出版公司，2001 年 2 月初版），頁 63。
〔註113〕見約翰・伯格（John Berger）著，吳莉君譯《觀看的方式》（台北：麥田出版，家庭傳媒有限公司城邦分公司發行，2005 年 10 月初版），頁 11。
〔註114〕見羅蘭・巴特（Roland Barthes）著，許綺玲譯《明室・攝影札記》（台北：台灣攝影工作室，1997 年 12 月修訂版），頁 34。
〔註115〕同前註，頁 50。
〔註116〕同註 114，頁 67。
〔註117〕見鍾文音《昨日重現》（台北：大田出版公司，2001 年 2 月初版），頁 242。

以的細節吸引，突然間目光流離，渾然忘我──我加上的，其實就是我的觀看，我的閱讀。」〔註118〕

　　透過影像的呈現與書寫，鍾文音在某種程度上拉開了自己與家族的距離，成為一個閱讀影像的觀者。照片做為此情此景曾確實存在之證據，卻又同時意味著照片所凝結的瞬間時空早已消逝，因為歷史早已將觀者與照片隔開，而「歷史是歇斯底里的，只有當人們注視它時才存在──想要注視它，必得置身其外。」〔註119〕因此影像書寫既承載著作者對家族影像的觀看、聯想與記憶，也成為作者（觀者）「其實（已）不在現場」之證明，讓家族書寫不致落入黏膩而無法抽身的私密揭露，而能將視野拉開，讓作者與家族故事之間伸展出更大的空間。更進一步來說，《昨日重現》中的照片影像，其實同時具有前述「觀看」與「被觀看」的雙向特質，當鍾文音觀看自身家族故事的同時，她的影像與書寫也正被讀者所觀看，在觀看與被觀看之間，讀者又能從照片的刺點中激發出更多的閱讀與觀看之可能，如此一來，文字與影像的限制均能被超越，開拓出更多情感與想像的意義。

四、《聆聽父親》中的說書技藝

　　「寫作者就是文字工匠」〔註120〕，抱持著這樣的寫作態度，張大春自「出道」以來的創作類型之廣博、形式之多變恐怕是當代小說家所罕見：舉凡歷史、科幻、武俠、偵探、鄉野傳奇、甚至自創的「週記小說」和「新聞小說」等都在他嘗試的範圍內。〔註121〕但是，不論張大春有多少「文學化身」，提筆寫作的那個張大春畢竟是同一人，因此我們仍可試著在這個由張大春所建構的，令讀者神迷目眩的文學世界中，找出那些藏匿其中的「思想主軸」，例如「對語言反映真相功能的質疑」〔註122〕：

〔註118〕見蔡淑玲〈莒哈絲時空異質的影像書寫〉，《中外文學》第 27 卷第 9 期，1999年 2 月，頁 147。
〔註119〕見羅蘭・巴特（Roland Barthes）著，許綺玲譯，《明室・攝影札記》（台北：台灣攝影工作室，1997 年 12 月修訂版），頁 82～83。（黑體為原書所加）
〔註120〕見滕淑芬採訪整理〈大頭春的告白──張大春專訪〉，《光華》第 18 卷第 1期，1993 年 1 月出版。
〔註121〕張大春曾自述創作形式多變的原因之一，是因為他「極易對創作的形式產生厭倦之感」，「幾乎每隔兩年，我就要『換一種東西』寫寫，歷史小說、科幻小說、武俠小說、偵探小說、鄉野傳奇小說乃至於算我自己發明的新聞小說、週記小說等等。」見張大春〈坦白從寬〉，《中國時報・39 版》，1994 年 1 月 11 日。
〔註122〕見朱雙一〈語言陷阱的顛覆──張大春論〉，《聯合文學》第 128 期，1995

張大春致力於揭示語言的困難和陷阱，所謂「困難」，指語言並非如一般所認為的能對事實真相加以複印式的精確紀錄，常因言不及意、記憶錯誤、甚至有意歪曲等原因，使語言和真相之間產生了差異，所謂「陷阱」，則指某些語言（如習慣性語言或權威性語言）對人的思惟具有某種支配性，可影響人的觀念、行為，甚至可建構虛假的「現實」，使人陷入錯誤的泥沼之中。二者殊途而同歸。這一語言哲學，作者不僅在後設小說中做了集中的呈露，在其他小說中也反覆涉及。這樣的執著，在台灣文壇也是絕無僅有的。〔註123〕

正因如此，張大春的文字迷宮總是充斥著謊言、「偽知識」、虛實莫辨的特質，來挑戰或嘲弄對一般人對於記憶、歷史與真實的既定想法，他認為「一切都是『創作』，閱讀也是、記憶也是。連『真／假』的問題都是我們創作出來的。」〔註124〕「從生活裡逃開的積極意義，則是『寫真正的小說』。在這裡，真正的小說更有取代傳記、歷史等書寫活動的企圖，真正的小說便意味著超越『所謂生活』，且與之永恆對峙。」〔註125〕也就是說，書寫在某種程度上不僅是為了與生活抗衡，更代表著對平凡瑣碎的生活之超越。

對張大春與他的寫作信念、作品風格有如上的理解之後，我們方能體會何以《聆聽父親》的出版，會令一班評論者與讀者如此驚訝的原因，向來在作品中巧妙地操弄與挑戰真實與虛幻之極限的張大春，居然也寫起了自家的家族故事，居然也要建構他向來認為不可靠的記憶城堡？從朱天文的評論正可看出《聆聽父親》一書的「震撼性」：

> 第一次，他如此之老實。甘心放棄他風系星座的聰明輕盈，有聞必錄老實透了的向他未出世的兒子訴說自己的父親，父親的父親，第一次他收起玩心不折不扣比誰都更像一位負責的父親。第一次他不再操演他一向的主題，真實／虛構。記者問他全書交織個人記憶家族歷史和大歷史，該視之為自傳或是虛構小說？居然，小說家張大

年 6 月出版，頁 135。

〔註123〕見朱雙一〈語言陷阱的顛覆——張大春論〉，《聯合文學》128 期，1995 年 6 月出版，頁 135。

〔註124〕見張大春〈一切都是創作——新聞·小說·新聞小說〉，收錄於氏著《張大春的文學意見》（台北：遠流出版公司，1992 年 5 月初版），頁 14。

〔註125〕見張大春〈倘若生活是縮減，便與它對峙——王小波《時代三部曲》的一個蠡測〉，收錄於王小波《黃金時代》（台北：風雲時代有限公司，1999 年 2 月初版），頁 8。

春說：「當成長篇散文看吧。」〔註126〕

但是，如果細究張大春過往的創作軌跡，就會發現張大春述說家族故事的手法，恐怕並非完全如朱天文所形容地，創下如此多的「第一次」，而是有跡可循的。

其實，早在《尋人啟事》一書，張大春就已呈現出「平實」的可能，此書紀錄了幾十個在他生命中錯身而過的人，根據張大春自己的說法，他在這本書中：「試著完全摒棄慣常運用的敘述技巧、也刻意排除一向講究的形式美學，目的就是在還我筆下的人物一個真實面目。」〔註127〕「那裡頭寫的每一個人物角色，全是真的。是我過去生命裡曾遇過的與之交會過的，……這個東西完全是平實的，甚至可以說是紀實的，一個散文體的東西。」〔註128〕這份對往時、往事、故人的平實追憶，既是前作罕見的「鄉愁」〔註129〕，作者從對於人生的種種偶然與「錯過」的懷思，進而推究至關於生命所由來之家族記憶的追想與書寫，或許也就不那麼令人意外了。

但是，這並不表示張大春的「平實」或「紀實」，就是純粹「樸實」的白描文字或瑣碎生活之紀錄。看似「坦白從寬」地交代家族故事或人生經歷的張大春，其實還是有他「風系星座的聰明輕盈」（朱天文語）的逃脫之計，那就是他所熟習的「說書」傳統。張大春的「說書人角色」在他早期的作品中已可見端倪：如〈劍使〉〔註130〕、〈干戈變〉〔註131〕、〈姜婆鬥鬼〉〔註132〕、《歡喜賊》〔註133〕等，已採用說書人的方式書寫關於中國鄉野傳奇或歷史故

〔註126〕見朱天文〈弱點的張大春〉，《聯合報・讀書人版》，2003年8月24日。

〔註127〕見張大春〈錯過〉，收錄於氏著《尋人啟事》（台北：聯合文學出版社，1999年8月初版），頁13。

〔註128〕見駱以軍〈大師的逃亡──訪張大春談他的新作〉，《中華日報・16版》，1999年3月4日。

〔註129〕參見王德威〈也是新台灣人素描──評張大春《尋人啟事》〉，收錄於氏著《眾聲喧嘩以後：點評當代中文小說》（台北：麥田出版，城邦文化有限公司發行，2001年10月初版），頁45。

〔註130〕本篇收錄於張大春《雞翎圖》（台北：時報文化出版公司，1980年5月初版，1990年2月二版），筆者參考之版本為二版，頁224～266。

〔註131〕本篇收錄於前註所引書，頁267～294。

〔註132〕本篇收錄於張大春《公寓導遊》（台北：時報文化出版公司，1986年6月原始初版，1992年7月初版，2002年6月二版），筆者參考之版本為二版，頁185～220。

〔註133〕張大春《歡喜賊》（台北：皇冠出版社，1989年3月初版）。

事，但多半是短篇形式，直到《城邦暴力團》〔註134〕這部長達五十萬字的作品中，張大春才眞正落實了他以說書人角色寫小說的理念。此書華麗繁複宛如「小說技法之大軍團式操演」〔註135〕，但值得注意的是，「說書」這種具表演性質的說故事方式，雖然有一個歷史事實做背景，但故事卻可能是說書人自己杜撰的，說書人熟習豐富的歷史掌故，但是用想像的方式來自行串連或補綴歷史記憶的空白處，因此它仍是一種介於歷史眞實與文學虛構間的文體。〔註136〕

由此可知，張大春的說書技藝，不僅並非一種「向眞實靠攏」的體現，甚至可能是更爲抽離的「置身事外」：

> 從張大春小說的兩種本體論來看，或者是純粹的敘事，或者反敘事
> —— 博議、旁白、好現身說法做模仿秀的敘事人，兩種本體論其實
> 都共同指向一種和故事有關的鄉愁：對傳統說書人的召喚。絕對的
> 置身事外，只有他在場才有所謂的故事 —— 他先於敘事，可以隨時
> 橫加干擾，轉變語調，插科打諢，胡說八道。〔註137〕

事實上，不論《尋人啓事》或《聆聽父親》，裡面所敘述的一則則故事基本上就算當作「都市傳奇」或「鄉野傳奇」來閱讀亦無不可 ——《尋人啓事》裡的「小人物」，個個舉止怪誕宛如異端；《聆聽父親》裡如「長者估衣」〔註138〕等故事，又何嘗不是神祕難解如奇談？因此即使在這些用說書口吻來陳述的

〔註134〕張大春《城邦暴力團》（壹）（貳）（台北：時報文化出版公司，1999年12月初版）。《城邦暴力團》（參）（肆）（台北：時報文化出版公司，2000年8月初版）。

〔註135〕見駱以軍〈小說技法之大軍團式操演〉，《聯合報・48版》，2000年2月14日。

〔註136〕參見胡金倫《政治、歷史與謊言 —— 張大春小說初探（1976～2000）》（台北：政治大學中文系碩士論文，2001），頁224。

〔註137〕見黃錦樹〈謊言的技術與眞理的技藝 —— 書寫張大春之書寫〉，收錄於氏著《謊言或眞理的技藝：當代中文小說論集》（台北：麥田出版，城邦文化有限公司發行，2003年1月初版），頁221～222。

〔註138〕此段敘述曾祖父之故事，曾祖父的百順估衣鋪開張三年後，大發利市，老宅因此得以翻修重建。東、西廂房開張時，族親紛紛來家走動。此時門外突來一位相貌清奇、衣衫單薄的老者，言詞間似有所指教或有所求，曾祖便邀至裡屋稍坐，寒暄多時老者既無離意、言談間亦無隻字片語的教訓，曾祖不便留客與寡母一同用餐，又不能貿然逐客，便心生一計，請夥計帶回一箱衣物，供老者挑選後再行登程。最後老者選擇一身奇異的裝戴離開，離去前語宛玄機令曾祖父母百思莫解，後來才發現老者當時一身穿戴似乎隱含了家族子孫未來之命運。參見張大春《聆聽父親》（台北：時報出版公司，2003年7月初版），頁66～71。

「紀實」之作，張大春畢竟還是可以滑溜地從文字中逃脫開來。如同他對讀者好奇的提問《聆聽父親》中，何以有別於前地採取「紀錄自身私事」的寫作方式之回應：「作者必須把自己陌生化，客觀來看自己。陌生化、客觀化的目的不是在於尋求真相，而是不要干擾到把自己當成一個對象來寫。」〔註 139〕於是我們可以發現，把自己「當成一個對象來寫」的張大春，即使述說的是自身的家族故事，張大春其實仍舊站在一定的距離之外。

五、《海神家族》中的儀式書寫

在本論文所討論的幾部作品中，《海神家族》在整體架構上堪稱是最為錯綜複雜的一部。陳玉慧「使用抽絲剝繭的手法，對小說中每位人物的婚姻故事都一一觸及。她的敘述觀點是複眼式的，故事中包藏著另一則故事。……每一條軸線都是各自發展，但是線的終端卻都有著神秘的聯繫。」〔註 140〕而這串連命運與歷史的「看不見的手」〔註 141〕，是女神，也是女性。陳玉慧有感於「女神以及女人在台灣整個歷史裡面都是扮演一個非常重要的角色」〔註 142〕，因此她選擇媽祖做為小說中「一個文化的密碼」〔註 143〕，媽祖信仰亦成為小說中相當重要的隱喻，這在本文第四章中已有論及；但若由形式技巧的角度來思考，宗教信仰與「儀式」在小說中亦有不可或缺的重要地位，以下就試著討論這些關於宗教信仰或民間儀式的書寫，在《海神家族》中的意義。

所謂「儀式」，基本上是由一些常見的象徵物或象徵性行為所構成的特定安排。在我們的日常生活中，充滿了各式各樣的儀式，生日時吃蛋糕、吹蠟燭許願、每天晚上說故事給孩子聽、交換結婚戒指等等，都是儀式的一種。不同的社會、文化、宗教、家庭，會有不同形式的儀式，有些是我們所熟悉

〔註 139〕見溫彤瑋〈張大春 vs.作家預備軍〉，《野葡萄文學誌》第 3 期，2003 年 11 月出版，頁 57～58。

〔註 140〕見陳芳明〈從父祖之國到媽祖之土──初讀陳玉慧《海神家族》〉，收錄於氏著《孤夜獨書》（台北：麥田出版，城邦文化有限公司發行，2005 年 9 月初版），頁 96。承蒙張素貞教授於口試時之提點：此處陳芳明所指出的「複眼式」結構，實乃《海神家族》中相當重要的形式特色。筆者當於日後進行更深入地思考與探討。

〔註 141〕同前註，頁 96。

〔註 142〕見蔡康永採訪〈媽祖保護的台灣女兒：《海神家族》陳玉慧〉，http://www.pts.org.tw/~web01/tuesday/t_051.htm，2005。

〔註 143〕同前註。

的，有些則可能令我們感到怪異，但無論我們熟悉與否，所有儀式的目的都是相同的，就是要「藉此產生某種意義」。〔註144〕而《海神家族》中的儀式書寫，不只呈現出儀式可能對人產生的意義與影響，亦將小說的主題與形式作了充分的結合。陳玉慧在本書中，除了描述小說人物所進行的儀式之外，更穿插了八段完全以紀錄儀式為主的章節，依序是：〈拜天公需知〉、〈喪禮需知〉、〈拜地官需知〉、〈拜七娘媽需知〉、〈安太歲需知〉、〈媽祖遶境或進香需知〉、〈婚禮需知〉、〈出生禮需知〉。在這些段落裡，陳玉慧巨細靡遺地記載了有關祭拜與生命的儀式細節。表面上看來，這八段獨立的文字與小說主要情節絲毫無關，即使全數刪去亦無損於故事發展 —— 事實上，如果有讀者選擇將這些段落全部略去不看，也不會影響他對小說「完整劇情」之認識。然而這些與「儀式」密切相關，看似「毫無必要」的段落，不論在形式藝術上或思想內涵上，都可說是理解本書的重要「密碼」。

本書中的儀式書寫主要又可分為宗教儀式與生命儀式兩類，前者是人與神的對話，是無依心靈的寄託與依靠；後者則是人與人（包含生者與死者）的溝通，是消弭對未知世界之恐懼的力量。紀錄儀式的八個段落起自「拜天公」（宗教儀式），終至「出生禮」（生命儀式），而小說人物與儀式「相遇」的順序也與此相仿：敘述者一回到家，心如阿姨就指著供桌說：「在我告訴你們媽祖的故事之前，今天凌晨我們要先拜天公和拜祖先，外國人也可以一起拜，天公可能聽不懂外語，但會看得出來他是否有誠意。」〔註145〕透過敬神、敬天、敬先人，儀式創造出神祕的天人相連之可能，祖先的牌位把敘述者帶進家族綿延的時間長河中，把祖先的記憶帶到眼前〔註146〕，從而開啟了媽祖的故事與家族的故事，也讓敘述者／讀者看到宗教儀式如何成為家族成員在顛沛流離的歲月中，「解決」生命困境的方式。

在小說中，綾子的小姑透過抽到上上籤來安撫身處戰亂的不安（參見頁

〔註144〕見伊雯・般伯 —— 布雷克（Evan Imber-Black）、簡寧・羅伯茲（Janine Roberts）著，林淑貞譯《生命中的戒指與蠟燭 —— 創造豐富的生活儀式》（台北：張老師文化有限公司，1995年11月初版），頁3。本段係整理自本書，頁3～4。

〔註145〕見陳玉慧《海神家族》（台北：印刻出版公司，2004年10月初版），頁20。本節中再度引用此書僅註明頁碼，不另附註腳。

〔註146〕參見余德慧〈生活的歡愉・生命的慶典〉，收錄於伊雯・般伯 —— 布雷克（Evan Imber-Black）、簡寧・羅伯茲（Janine Roberts）著，林淑貞譯《生命中的戒指與蠟燭 —— 創造豐富的生活儀式》（台北：張老師文化有限公司，1995年11月初版），頁2～3。

37）、以找道士作法來「治療」戰後如同變了一個人的林正男（參見頁 57）；綾子為女兒靜子不和順的婚姻到廟裡向媽祖、七娘媽誠心祈求（參見頁 192）；心如更一度為了失敗的戀情選擇出家為尼（參見頁 294）……這些具體的儀式不僅表達了個人對宗教的信仰，也成為一種「心理治療」的力量，是有感於人的渺小與無力對抗命運時，將未來「交託給神」的選擇。由〈拜天公需知〉、〈拜地官需知〉、〈拜七娘媽需知〉、〈安太歲需知〉、〈媽祖遶境或進香需知〉，我們看到一般人對天地之敬意、對愛情、平安、趨吉避凶的渴望，而當人們把命運和未來交託給神，他們一方面得以對未來懷抱希望，一方面也找到了接受命運的理由——因為神是超越人的，人的際遇就是神的決定。

　　但是，宗教信仰不見得是每個人必然的選擇，生命過程的儀式卻是人人都必須經歷的：

> 生命過程的儀式推動並記錄了人生的重大變化。從古到今，每個文化都有出生、成年、結婚和死亡的儀式。這些轉變的過程不但影響深遠，又常令人產生不確定感，但在儀式之中，一切變得安穩而且是可控制的，因為儀式將我們和過去、我們的文化和宗教根源、可能的未來，以及人類共通的感受連結在一起。〔註147〕

透過生命過程的儀式，生者與死者取得了聯繫，這次為我們指引方向的不再是高高在上的神，而是曾經與我們一樣生活在這個世界中的先人。「由於生命過程的儀式通常一生只發生一次，因此這些深深植根於文化和歷史中的儀式成為個人航向未知領域的導航圖。」〔註148〕儀式為我們減緩了對未知領域的恐懼，透過「我們所熟悉的象徵物和象徵性動作來潤滑我們所不熟悉的種種轉變。所以，即使我們從沒結過婚，也知道結婚要買戒指和交換戒指」。〔註149〕

　　而這些看似瑣碎的儀式，不僅是讓我們得以順利跨越人生的不同階段的重要象徵，在某些時刻，它更是療傷止痛、治療失落的關鍵，那就是有關死亡與葬禮的儀式。事實上，所有關於喪葬的儀式從來都不是為了死者，而是為了生者而進行的。儀式不僅讓生者得以表達哀傷、失落、痛苦的情感，也

〔註147〕見伊雯・殷伯——布雷克（Evan Imber-Black）、簡寧・羅伯茲（Janine Roberts）
　　　　著，林淑貞譯《生命中的戒指與蠟燭——創造豐富的生活儀式》（台北：張
　　　　老師文化有限公司，1995 年 11 月初版），頁 3。本段係整理自本書，頁 328。
〔註148〕同前註，頁 329。
〔註149〕同註147，頁 329。

可說是一種悲傷治療的方法。它讓生者覺得自己尚能爲已逝的親友做一些事，從而達到某種心理補償的功效。例如綾子的小姑用紙爲母親製作靈厝時，雖然紙已不多，但她還是決定製作女婢和一具當時少得稀奇的馬，甚至還做了一架紙收音機，更重要的是還放入了許多黃金錠和冥鈔票（參見頁 46～47），彷彿如此一來母親在冥間的「生活」就可過得豐足；靜子與心如多年來爲了秩男叔公與綾子外婆能否合葬之事僵持不下（參見頁 64、134），最後姐妹倆的「和解儀式」，正是叔公秩男的「二度葬禮」，葬禮中他們一行人更不斷地燒紙錢，「彷彿怕他們在冥間錢不夠用」（參見頁 317～318）。而多年不曾說話的靜子與心如之所以能夠和解，在某種程度上亦是媽祖的「功勞」：敘述者的外國丈夫，把姐妹倆人約到關渡宮，一句「阿凸仔叫你來的噢。」打破了僵局，買香火蠟燭的儀式則化解了隨之而來的尷尬（參見頁 309）。如余德慧所言：「在現實生活裡，其實我們是依著儀式尋找到我們彼此對待的方式，而且不僅是表達心意，還是在對待的沉默之處找到說話的處所。」〔註150〕另一方面，宗教儀式的力量亦在此再度彰顯。小說的「情節內容」結束在秩男叔公的葬禮，「形式內容」則以〈出生禮需知〉作終，情節與形式的配合，形成了生與死的循環、生生不息的意象，家族的歷史、故事也因此得以在時間長河中綿延下去。

六、書寫的核心與認同的核心 ── 想像與眞實的辯證

　　本節由形式藝術的角度切入，分別舉出五部作品中較具特色的手法，並將其置放於家族書寫之架構下，思考作者選擇不同處理手法之特殊意義。必須強調的是，筆者所舉出的乃是每部作品中特別能凸顯該書風格特色之處，並不表示這些技巧只代表某位作者的「專利」，相反的，不同的作者不僅可能運用類似的手法；不同的手法也可能殊途同歸地傳達了相仿的寫作企圖，或達到類似的文學效果。而這些形式手法的巧妙運作，不只可以深化作品的文學藝術價值，亦可帶領我們進一步去探究書寫的核心與認同的核心之差異 ──換句話說，亦即思考想像與眞實的辯證關係。透過前面數章的分析，我們已可約略得知每位作者在敘述家族故事時，從作品中透露出的書寫重心 ──

────────────

〔註150〕見余德慧〈生活的歡愉‧生命的慶典〉，收錄於伊雯‧殷伯 ── 布雷克（Evan Imber-Black）、簡寧‧羅伯茲（Janine Roberts）著，林淑貞譯《生命中的戒指與蠟燭 ── 創造豐富的生活儀式》（台北：張老師文化有限公司，1995 年 11 月初版），頁 4。

例如陳玉慧的「無家感」、鍾文音對母女間糾葛關係之思索、駱以軍則不時著墨於以一己封閉家庭之出身，在面臨妻族複雜之人際網路時，因雙方身世系譜的強烈差異所引發的焦慮。但若由歷來作品中推敲其所展現的認同核心，或許與本論文所選取之文本反映的書寫核心不盡相同，例如張大春過往的作品總予人逃避現實之印象，《聆聽父親》的問市卻看似顛覆了他一貫的創作精神；郝譽翔之前創作了不少與情慾相關的題材，這自然也與她在《逆旅》一書中所呈現的認同問題大相逕庭。當然，作者並不見得就會自覺或願意承認自身的認同核心之所在，然而作者本身認同的核心，與書寫時呈現出的認同核心之差異，正足以讓我們深思關於真實與想像間的複雜關係。而真實與想像之間的落差，或可視為是美學形式介入文本之後的結果。以下就試著進一步加以析論。

　　舉例來說，郝譽翔透過小說的虛構筆法與魔幻情節，做為一種與讀者間的「安全機制」，如此一來，當讀者在自以為透過文字逼近了郝譽翔的「真實面貌」時，這些魔幻情節就會適時「登場」，提醒讀者小說的虛構與「不可靠」，藉以拉開讀者與自身的距離。其它幾位作者的創作手法或有不同，但仍多少可見此種「建立安全機制」的痕跡：例如張大春的說書口吻，讓小說充滿「鄉野傳奇」的氛圍，並且得以站在一定的距離外說故事，從而把讀者／作者／作品間的距離充分區隔開來；《海神家族》儘管是從家族真實故事出發，但陳玉慧將小說中家族的人物、場景與姓名均做了一定程度的變動，可見其有意營造出較為濃厚的虛構感；鍾文音以散文體書寫的《昨日重現》固然盈滿真誠的抒情筆調，但她總不時強調「小說未必虛，散文未必實」，「假設記憶可以被改寫，那麼記憶當然也可以僭越了歷史。」〔註151〕家族書寫是她「以文字為巫，以感情為術」（頁291），一種充滿探索精神的魔幻及開荒之筆，而非只是過往歷史的紀念碑文。至於駱以軍的小說向來風格詭麗，看似吐露大量私密材料的文本中，其實充滿了小說家精心設計的重重機關，正如范銘如所言：

> 當讀者為小說中正綻放靈光的剪影奧發悲憫情懷時，駱以軍筆鋒一轉，添加個回憶倒帶或是快轉遐想，靜物畫突然活過來變成動畫，而且開始表演起色情猥褻的奇計淫巧。幽然靈光激射成鋃鋃滾的萬丈春光，直令人眼花撩亂，目不暇接。虛實交錯裡的亦正亦邪，啼

〔註151〕見鍾文音《昨日重現》（台北：大田出版公司，2001年2月初版），頁290。本小節中再度引用此書僅註明頁碼，不另附註腳。

笑皆非中的觸景傷情，構成駱式小說的迷魅。〔註152〕

但若進一步深思，在這些魔幻夢魅、傳奇迷離的文字鏡像背後，絕不只是作者們對「眞實自我的重新包裝」、或者「避免讀者闖入眞實生活」的企圖而已，當中往往蘊含著小說家想透過文學創作，進行有關生命、死亡、記憶、眞實、愛與救贖等人生哲理之思索與辯證的努力。正因如此，駱以軍甚至認爲「那些輕飄飄將『私小說』加在我的書寫之流（天哪，連我自己都清楚各時期各本書的生命處境或攻堅企圖，如此如此的不同）的賞玩者，其距離『小說』的入口何其遙遠。」〔註153〕對他來說，小說家要將自己裂解成作品中那些不重複角色的魔術，不僅不是一件容易的事，甚至會成爲耗費一生的功課：「穿上面具，穿上人皮，變成另一個Ａ：再和由你自己分裂出去的另一個Ｂ，另一個Ｃ、Ｄ、Ｅ、Ｆ，發現衝突、對峙、互相愛憎、互相傷害，玩智力的較勁，意志對決，或是窺見對方的衰老疲弱或年幼無知而興起同情之意……」〔註154〕透過此種艱鉅、疲憊，宛如將靈魂用地獄之火重新鍛煉、打磨靈魂形狀的過程〔註155〕，小說最後方能投影出「同時並存著自己心靈投影諸多不同面向，相互衝突之人物類型的『大劇院』」。〔註156〕更進一步來看，不僅小說中的每個人物都可能是作者心靈面向的投影之一，小說人物的愛怨、衝突、黑暗、荒誕……亦會隨著菱鏡的折射角度，產生誇大或扭曲等各種可能。如此一來，我們又怎能指證歷歷地認定讀者於文中所見，就是作者「眞實自我」的重現呢？

說穿了，作品中的「我」其實都是張大春所謂的「想像的我」，他曾如此形容自己的小說創作：「『想像的目的與想像的我，兩點之間有條直線。』……恰好可以作爲小說寫作之於我的一個隱喻。」〔註157〕有趣的是，書寫家族故事往往格外容易觸發作者對「想像的我」之反思：不同於那些不值得重新尋覓，可以隨手棄之於天涯海角的「想像的目的」（按：指寫作構想）（頁99），

〔註152〕見范銘如〈靈光閃爍的迷魅〉，《中國時報‧開卷周報》，2003年7月27日。

〔註153〕見駱以軍〈從《紅字團》到《西夏旅館》〉，《印刻文學生活誌》第28期，2005年12月出版，頁36。

〔註154〕同前註，頁35。

〔註155〕同註153，頁39。

〔註156〕見駱以軍〈從《紅字團》到《西夏旅館》〉，《印刻文學生活誌》第28期，2005年12月出版，頁40。

〔註157〕見張大春《聆聽父親》（台北：時報文化出版公司，2003年7月初版），頁96。本小節中再度引用此書時僅註明頁碼，不另附註腳。

「家族」這個切身的議題，比起其他寫作主題更容易帶領作者去思考那些較為貼近自我「本質」或根源的問題，從而牽繫起「想像的目的」與「想像的我」之間的線段。因此我們可以看到，在《聆聽父親》中小說家讓即將誕生的兒子引領他「回到另一端的起點；一個字、一個字地開始思索著那個想像的我是怎麼一回事。」（頁99）而郝譽翔及陳玉慧則分別在小說的〈後記〉或訪談中，交代了書寫家族的目的或難題：郝譽翔指出書寫家族過往既是為了安頓「那些漂泊的靈魂」，也是為了安頓自身的歷史〔註158〕；陳玉慧則認為寫《海神家族》最大的困難在於「在真實與虛構中間，找出一個讀者的角度。」〔註159〕除此之外，若干文本中亦不時浮現作者對於自己為何要書寫記憶、歷史、自我、家族的「後設思考」：例如張大春對寫作動機的懷疑：「也許它曾經是、也一直是如此淺薄的恐懼：這世界上沒有一個人愛我。」（頁94）如果這個動機成立，那麼多少年來自己所寫的幾百萬字是否只不過是「一再反覆操演的復建活動而已」（頁95）？鍾文音也常在述說家族過往的同時，思考記憶與「再現」的不可靠：「所有的記憶其實說穿了，也許只是我個人的虛幻與現實交叉之感。」（頁86）「事實永遠有著聽來的魔幻部分，而當人們不再書寫它時，它自然會走到它自身幻滅的終點。」（頁39）在憑藉不可靠的記憶建構家族史的過程中，她更體悟到「虛構與紀實之間是同指一個方向，紀實與虛構之間也是最沒有距離的。」（頁128～129）

從作家本身關於「想像的我」與「真實的我」、或是「虛幻與現實的距離」等問題之思索，我們會發現，若是在閱讀與討論家族書寫時，讀者執意要追究出文本中真實與虛構間的界線何在，或是想確認「想像的我」與作者的真實形貌有何異同，未免都走錯了方向，因為連作者自己，可能也並不清楚所謂真實自我的全貌。這並不表示我們就要因此放棄探究文本內涵的努力，因為真正重要的並非文本中哪些素材取自真實？哪些又是虛構？而是從文本當中所呈現的內容本身，蘊含了什麼樣的人生與意義？如此一來，我們才有可能穿透「真實與虛構」的羈絆，直達糾結於每個人靈魂深處，思之不盡、訴說不絕的生命議題。借用陳玉慧對寫作的看法來做比喻，她說自己之所以嘗

〔註158〕參見郝譽翔《逆旅》（台北：聯合文學出版社，2000年3月初版），頁188～189。

〔註159〕見明夏文，陳玉慧譯〈丈夫以前是妻子——評論家丈夫明夏專訪小說家妻子陳玉慧〉，收錄於陳玉慧《海神家族》（台北：印刻出版公司，2004年10月初版），頁328。

試以「第三者」的眼光寫作，並非因爲第三者的眼光如同造物主般全知全能，而是因爲第三者的眼光既「是創作者自身，也是人類靈魂。就像中世紀一些畫家的人物畫像，那些人物的眼光雖注視著一個地方，但你從任何角度看，人物的眼光都與你同在。」〔註160〕因此，書中種種自可以「被複製成不同形式的身影，等待追索自身的人們不斷的去理解、詮釋與重構。」〔註161〕也就是說，書中人物、情節的「眞實性」究竟如何並不重要，因爲每一個讀者都可從自己的角度去觀看、詮釋，如同萬花筒中的影像，會因不同的排列組合而呈現出迥異的圖像。如果說作者是藉由書寫的過程尋找自我，讀者則是透過閱讀，看到了那繁複迷濛卻又破碎不全的人生投影。至於生命的哲思與自我之根源的答案何在？則有待讀者自行去挖掘、修補與重塑，誠如張大春所言：

> 故事是應該怎麼說也說不完的，故事也不應該總是聽人家說起的，故事該由自己想像、自己編織、自己創造。對於封閉在「且聽下回分解」的禁制令前、意猶未足的讀者來說，似乎祇有在闃暗的夜色中將就著已經聽過的人、聽過的事，重新虛擬打造，搓捻出新鮮妄誕而錯亂荒謬的情節，成爲夢的序曲。（頁145）

小　結

　　本章從書寫與認同間的關係切入探討，藉由觀察幾位作者們不同的書寫方式和取材角度、文學藝術技巧，來了解這些風格形式各異的家族書寫文本。第一節旨在探究作者爲何選擇「父系」或「母系」身世爲書寫的主軸？從而發現作者對「家鄉」此一概念之界定，往往與他們對省籍和出生地的認同傾向密切相關，亦因此一定程度決定了書寫「家」／「家族」的起點。例如幾位「外省第二代」作家在認同自己「外省」身分的同時，也等於認同了父親的外省「故鄉」，他們的省籍認同與其說是建立在「省籍」本身，不如說是源於對父親的認同。只不過用省籍來區分身世，不僅忽略了身世血統中多元融合的可能，亦等於排除了母系血統之淵源，因此陳玉慧和鍾文音兩位女性作

〔註160〕見明夏文，陳玉慧譯〈丈夫以前是妻子──評論家丈夫明夏專訪小說家妻子陳玉慧〉，收錄於陳玉慧《海神家族》（台北：印刻出版公司，2004年10月初版），頁330。

〔註161〕見蔡振豐〈昨日重現〉，《中國時報‧開卷周報》，2001年3月18日。

家，選擇以母系身世爲書寫的重心。對她們來說，「家鄉」就是自己出生成長之地，回歸出生之地這個生命的起點，不僅能夠檢視構成家族的複雜源起，土地的原始生命力與堅韌的毅力，亦與「母親」、「女性」形象緊密連結，具有重要的象徵意義。

　　第二節所討論的則是那些在作品中篇幅較少的家人之形貌，簡言之就是父系認同書寫中的母親形象與母子（女）關係，以及母系認同書寫中的父親形象與父女關係。從中可以看出，郝譽翔《逆旅》一書中的母女關係其實充滿了緊張矛盾，而母親在女兒「心靈之旅」與「尋父之旅」的過程中，幾乎可說是「不在現場」的；駱以軍「失去口述能力」的母親在書中顯得沉默黯淡與寂寞；張大春不時強調母親的重要，但母系身世顯然仍「未完待續」；鍾文音的父親看似因早逝與沉默而顯得容貌模糊，但這位父親其實始終隱藏在女兒關於愛情、記憶與死亡的書寫中，書寫亦成爲女兒記憶父親的方式；陳玉慧《海神家族》中所有的女兒都沒有父親，在「無父」與「弒父」的背後，訴說的則是女兒對父的渴望、矛盾，與試著原諒。

　　第三節從作品形式藝術的角度切入，分別舉出五部作品中較具特色的手法，並將其置放於家族書寫之架構下，思考作者選擇不同處理手法之特殊意義。其中郝譽翔的魔幻筆法、張大春的說書技藝，讓小說充滿虛實交錯的氛圍，亦同時建立了與讀者間的「安全機制」，讓自己站在一定地距離外說故事，並把讀者／小說與作者區隔開來；鍾文音的作品透過影像的呈現與書寫，做爲召喚記憶的起點，在某種程度上亦等於拉開了自己與家族的距離，成爲一個閱讀影像的觀者；駱以軍作品的劇場性，讓小說人物、事件、記憶得以反覆穿梭、跳躍於不同場景之間，從而打破線性的時光流轉，也反映出駱以軍對時光謎題的執著；陳玉慧的儀式書寫，則凸顯出儀式的意義與力量，並與貫串全書的「媽祖信仰」之隱喻達到充分的結合。這些風格各異的形式技巧，一方面呈現出家族書寫的不同風貌，另方面卻也殊途同歸地帶領讀者更深入地去思考，有關認同的核心與書寫的核心之間的關係，換言之，亦即深思關於眞實與想像的辯證及邊界。

第六章　結論：成果與展望

第一節　本論文之研究成果

在本論文中，筆者以「認同」為中心概念，做為探討當代台灣家族書寫作品的切入點，並以自我、家族、國族等三個層次來詮釋與理解文本內所呈現的認同面向。各章節之研究成果約可歸納如下：

家族書寫在某方面來說，乃是個人從「我是誰？」這樣的提問出發，進而追溯個人與家族之所由來的作品，也就是說，對於家族、國族的認同，最終仍舊要回歸到個人為了定位己身與外界的位置所產生，因此「自我認同」實為理解認同問題的核心所在。在論文第二章，筆者分別從姓名、性別與早期記憶三個方向，探討家族書寫中「自我認同」的展現。「姓名」是個體在出生之始就被賦予的稱代符號，它標明了家族的血緣，又承載著父母長輩的愛與期待，對於自我認同必然構成一定的意義。但文本中有關姓名問題的思索與書寫，卻可讓我們看出姓名做為身分認同表徵的片面與有限：當姓氏轉換、名字更改，難道就同時轉換了身世、血緣或命運嗎？透過本論文中以《逆旅》和《月球姓氏》為例所做的說明，即可看出事實顯然並非如此。至於「性別」的認同，則與傳統性別刻板印象所形成的價值判斷有關，一般而言，父母多半仍照著社會對兩性性別角色的要求來教養子女，而子女在建構性別認同的過程中，等於同時摸索並思考了有關「我是誰？」這個問題的可能答案。另外，兩性在性別認同上的差異，也造成文本關注焦點的不同，從本論文所探討的作品來觀察，可發現受到性別刻板印象的影響，男性的性別角色與性別

特質均是受到社會所認同與期待的，因此當男孩表現符合「男子氣概」的行爲時，就會受到肯定與讚美；但女孩一方面會想服膺社會所肯定的男性特質，如主動、勇於競爭等，另一方面卻又被要求符合「女性角色」的被動、溫柔服從等特質，因此她們在性別認同的困擾自然比男孩要來得多，這也是何以女性作家如郝譽翔及鍾文音，均在文中對性別角色的學習加以著墨，而男作家如張大春及駱以軍，則較將注意力放在「性」與「身體」等議題上之故。

至於「早期記憶」與自我認同之間的關聯性亦相當密切。早期記憶是理解個人自我概念的重要線索，由文本中可以看到鍾文音對母女問題的關注、駱以軍對語言的焦慮、以及陳玉慧的「無家感」，其實均已透過那些不斷重述、反覆出現的早期記憶呈現出來。由此可見早期記憶不只顯現困擾個人的主要問題所在，亦能提供更多有關於作家何以持續書寫某些題材的訊息。

論文第三章分別從父系認同、母系認同、以及生活空間與認同等三個方向，探討家族書寫中的「家族認同」。其中以父系身世爲主要關懷與書寫對象的作品包括：《逆旅》、《月球姓氏》與《聆聽父親》。郝譽翔透過文字進行的尋父之旅，讓她有機會以一個新的角度看待父女之間的關係；駱以軍與張大春則在自己身爲人父之後，方體悟到過去或許並不眞正了解父親在想些什麼，並進一步地思考自己該如何扮演「父親」的角色，又有何承襲或欲超越父親之處。因此三位作家在追溯與述說父親身世故事的同時，不僅更深入地看清自己與父親的關係，其實也等於是在安頓自己的歷史與生命。至於書寫母系身世爲主的《昨日重現》與《海神家族》，則刻畫了母女之間複雜矛盾的情感。鍾文音的作品細膩地處理了當女兒擺盪在「依戀母親」與「排斥母親」這兩種極端的情感當中時，所感受到的困擾與衝突；《海神家族》一書則呈現出「家庭秘密」對家人相處與家庭關係所產生的影響：對於生活在家庭的核心秘密之外的成員來說，缺乏自信、不被愛與信任的疏離感可能如影隨形地跟著他們，但選擇保守秘密的成員，則可能要付出孤單寂寞的代價。除此之外，「家屋」（House）這個個人化的生活空間，亦代表某種自我的符號，映照出個人的性格、喜好、價值觀，因此在家族書寫的作品中，我們亦可看到家屋做爲某種判斷自我與理解家人的管道——在《逆旅》一書中郝譽翔父親凌亂的房間，成爲「寂寞父親」的替代象徵，《海神家族》裡靜子母親沒有特色的房間，則代表了缺乏自我的生活。至於家屋的社會象徵符號及社會位置、家和外界互動所產生的交互作用，同樣影響了「家屋」（House）與「家」（Home）

在個人心目中的形貌，而不論家屋對個人來說意味著何種樣貌，它都訴說著家對認同的深刻影響。

　　論文第四章所討論的則是家族書寫中的國族認同，筆者分別從歷史、族群、文化等相關面向切入探討。由歷史記憶的書寫，可以看出「心創」（trauma）如何成為影響與改變個人生命、記憶的關鍵，而不論這些心創見證者選擇不斷地重複述說來試圖詮釋與理解那個無由捕捉的真實過往，抑或因無從述說而選擇沉默以對，都體現出見證之本質。而同一時空下不同背景的見證者所述說與重現的歷史面貌，也讓我們看到歷史的複雜與見證之局限。另一方面，族群身分可能或多或少地決定了書寫者如何觀看與敘說屬於特定族群的歷史記憶，也影響了個體的身分認同，但族群在個體建立認同與歸屬感時，卻不見得是固定與絕對的指標，例如駱以軍的作品，就呈現出有時關於族群身分的感受，並非「主動」的身分認同，而是由他者的態度與眼光所產生的詮釋；類似的身世背景，亦不見得就會帶來同樣的族群認同，以利格拉樂‧阿𡠶為例，母系的原住民血統顯然就比父系的外省身世對她來說更為切身而重要。凡此皆可看出影響認同的元素乃是多元且不斷變動的，並非以單一要素就可明確劃分。此外，若觀察文本中以「政治共同體的認同」為範圍的國族認同，則發現以「外省父親」的國族認同為書寫對象的作品，不僅並非強調父親「大中國主義」的堅定信仰，反倒多半刻畫了父親對於主義和信仰的懷疑與失落，從而呈現出國族認同其實可能是非常困難與矛盾的選擇；鍾文音與陳玉慧的作品，則強調了以宏觀的視角與包容的態度來看待國族認同問題之重要性。至於有關家族書寫中的文化認同，筆者由飲食、語言、宗教三方面加以探討。飲食不僅是滿足生理需求的必需品，也代表了社會與文化的特殊符碼，因此關於飲食的記憶與書寫，便時常與「故鄉」產生某種牽繫。但另一方面，對於這些僅存於父母口中，既陌生又熟悉的「家鄉味」，雖然足以做為子女理解與回憶父母的媒介，卻無法因此構成穩定的身分認同基礎。就語言的部分來說，本論文透過家族書寫作品中有關語言問題的思索與描述，反映出過去台灣社會中語言的隔閡和限制，對個人與族群曾帶來怎樣的困頓或傷害；而宗教的部份則以《海神家族》為例進行闡述，此書透過宗教的信仰與儀式，一方面以媽祖信仰做為書中「移民史」的象徵，一方面以書中人物對宗教和神明的態度，反映出他們如何面對生命中的災厄與苦痛，並藉此呈現宗教信仰在個人心理認同上可能產生的影響。

　　論文第五章為綜合討論，主要針對書寫與認同間的交互關係加以論述。由於這些家族書寫作品又可略分為「父系」和「母系」身世兩類，因此筆者首先探討的，就是作者對「家」或「家鄉」之概念，是否影響了他們選擇父系或母系身世為書寫「家族」起點的原因，由此筆者發現，作者對省籍和出生地的認同傾向，似乎與此具有一定程度之相關性，當幾位作者在認同自己「外省」身分的同時，也等於認同了父親的外省「故鄉」，而認同自己出生成長之地為原鄉的作者，則更傾向於認同與土地的原始生命力相互映照的「母親」與母系身世。至於父系認同書寫中的母親形象與母子（女）關係，以及母系認同書寫中的父親形象與父女關係，則是本章第二節所討論之重點。以父系認同為主的作品中，有的母親「不在場」、有的「失去口述能力」、有的仍待作者在「未來的作品」中加以敘述；以母系身世為主要書寫對象的作品中，父親則或者早逝、或者離家。但這些在作品中看似容貌模糊的父、母，其實仍以曖昧隱約的形式訴說著子女對他們的愛、恨、渴望。至於作品形式藝術的部份，郝譽翔的魔幻筆法、駱以軍的家庭劇場、鍾文音的影像書寫、張大春的說書技藝、陳玉慧的儀式書寫，不僅各具特色，在形式與內容不同的結合方式上，呈現出家族書寫的多樣風貌，也帶領讀者進一步地去思考真實與想像的辯證與邊界。

　　至於本論文較獨特的研究成果，筆者認為或可歸納為以下幾點：首先，關於性別、身體、族群、政治、歷史、記憶等議題，其實在許多論文中均有精闢之討論，但多半是單獨針對某一兩個主題加以分析，因此每個議題是各自獨立的。但筆者試圖用「認同」做為串聯各元素的符號，如此一來，看似無關的議題之間產生了微妙的連結，因此既能夠兼顧多元的觀看角度，又能將論述維持在一軸心價值之中而不致蕪雜歧出。另一方面，將心理學、社會學等領域的理論納入文學作品的分析，自非筆者獨創的研究方式，但在本論文中，筆者所嘗試與文本加以結合的若干理論，之前卻較少見到相關的研究成果：例如以個體心理學家阿德勒「早期記憶」的理論，配合作品中那些重複出現的早期記憶之書寫，格外能理解個體是在什麼樣的情境中，逐步建立了他的自我概念；以心理學界對「家庭秘密」的研究，配合陳玉慧《海神家族》一書中有關家庭秘密之書寫進行論述；以環境心理學有關生活空間的理論，觀察文本中對「家屋」的描述與認同；以心理分析中有關心創與見證的觀點，對照作品中關於歷史、記憶之書寫與限制……凡此均可說是筆者在研

究與論述上嘗試的新方向。另外，針對作品中文學藝術之分析，筆者亦將其置放於家族書寫的框架下，思考選擇不同形式手法來書寫家族的意義與效果，希望能藉此另闢蹊徑，開創出文學研究的更多可能。

綜觀本文各章節之討論，最終我們可以發現，認同其實是個複雜而難解的問題，不論是姓名、身體、歷史、族群、政治、語言、宗教……這些因素在構成基本群體認同時，都具有不同面向的意義與重要性，但從另一個角度來看，這些認同符號卻也僅能代表與說明認同的一小部分。換句話說，這些因素固然各有其重要性，但在形成認同的過程中它們未必同時發揮其影響力、也未必同等重要。事實上，「認同的力量，並非以某些廉價的、既定的相同性為基礎，而是以意志、個人偏好、情緒和某種強大的吸引力為基礎。」〔註1〕認同是一個複雜的、流動的、多種因素共同組合而成的不穩定狀態，正因如此，任何以單一因素或二元對立的方式判斷的認同傾向，都將失之偏頗。

第二節　當代台灣家族書寫與研究之展望

一、當代台灣文學中家族書寫之展望

本文第一章曾略述解嚴以來台灣文學中家族書寫發展之脈絡，並提及家族書寫在近年來儼然成為「新興文類」之現象。若觀察 2005 年以來之文學創作，以父母與家族為寫作題材之作品仍不時可見，例如張輝誠（1973～）《離別賦》〔註2〕一書，可謂「繼承」了書寫外省父親的文學脈絡，其書為紀念亡父而作，文中若干篇章如〈返鄉〉寫自己代替父親完成返鄉心願的尋根之旅、〈從軍考〉試圖勾勒做為一個小兵的父親在戰爭中的身影，其文其情均可與前述「外省第二代」作家的父親書寫相互參照；周芬伶（1955～）的散文集《母系銀河》中，亦有不少關於家族人物與故事之篇章，她並於文中表明對母系身世的認同：「對我來說，父系代表物質層面，母系代表心靈層面。雖然父系這邊富裕一些，光彩一些，然而母系的凋零不正是父系的掠奪嗎？……結婚之前我認同父系，結婚後我被強迫認同夫系，那讓我痛苦割

〔註1〕 見 Kathryn Woodward 等著，林文琪譯《身體認同：同一與差異》（台北：韋伯文化出版公司，2004 年 9 月初版），頁 509。
〔註2〕 張輝誠《離別賦》（台北：時報文化出版公司，2005 年 4 月初版）。

裂，母系變成我的桃花源。」〔註3〕周芬伶的書寫與感慨，不僅道出母系身世的長期被忽視，也讓我們看到家族書寫仍待補白之處。至於鍾文音目前正在進行的「家族三代囚禁史」，共分爲三個部分：第一部分寫橫跨五○至七○年代的家族囚禁史 —— 祖父在五○年代參與左派運動被捕入獄；舅舅於六○年代因濁水溪爭灌水源事件槍殺人而入獄；母親則在七○年代菸酒公賣禁煙時期，走私洋酒被抓入獄。第二部分集中在舅舅的女兒（表姊）身上，表姊象徵自由的一代，她很早便逃離她的父親，成爲一個流離海外的「流亡者」，鍾文音計畫以表姊作爲「囚禁的對照組。」第三部分則是虛擬手法，書寫與表姐失聯多年，但她心中一直在尋找表姐，藉以回到一個「囚禁／自由」之人生對照狀態。〔註4〕由此不僅可看出鍾文音對家族史書寫之孜孜不倦，亦呈現出家族書寫的多元可能。

其實，若觀察近年來台灣家族書寫發展之軌跡，可以發現至少有一塊仍待耕耘的園地目前較少被觸及，就是以第二代的眼光書寫移民女性之流亡敘事的作品。前述外省二代作家的家族書寫，幾乎清一色以書寫父親爲主，這一方面固然受到客觀環境之影響，流亡來台的男性遠較女性爲多〔註5〕，「外省父親」與「本省母親」的婚姻形式自然也較普遍；但除了客觀條件的限制外，女性流亡敘事之匱乏，仍受到長期以來以男性爲主的史觀之影響，歷史被視爲由男性所創造的，他們是「唯一『眞實的』（authentic）流亡者、或『有故事可說』的敘事者」〔註6〕，被排除在「正統歷史」之外的女性敘事，亦因此往往是「斷裂的、非直線式的、與正統歷史無關的，而且充滿缺口、莫／默言（reticence）、失語與失憶。」〔註7〕目前雖有若干歷史與社會學者注意到建立女性口述歷史之重要性，開始進行相關之訪談與研究，如中研院近代史研究所出版的《烽火歲月下的中國婦女訪問紀錄》〔註8〕，即爲深具價值之成

〔註3〕 見周芬伶《母系銀河》（台北：印刻出版公司，2005 年 4 月初版），頁 188～189。

〔註4〕 本段有關鍾文音之「家族囚禁史」寫作計畫，係整理並引用自張殿〈爲家族囚禁史，鍾文音赴獄私體驗〉一文，《聯合報・讀書人版》，2005 年 6 月 20 日。本資料感謝鍾文音小姐提供。

〔註5〕 參見趙彥寧〈戴著草帽到處旅行：性／別、權力、國家〉（台北：巨流圖書有限公司，2001 年 11 月初版），頁 204。

〔註6〕 同前註，頁 204。

〔註7〕 同註5，頁 210。

〔註8〕 羅久蓉等《烽火歲月下的中國婦女訪問紀錄》（台北：中央研究院近代史研究

果，但相關之文學創作似乎仍顯不足，如果張大春的《聆聽父親》真如他所言進行以「張家女性」為主的續集，或可一定程度地填補女性流亡敘事之空缺，若更多有心人願意投入創作，相信母系身世的書寫當可不再如此單薄。

另一方面，家族書寫在近年來陸續出現的情形，雖然意味著它仍是一個持續被耕耘的創作領域，卻也可能同時帶來「寫父（母）親是一種世故的選擇」之質疑。〔註9〕這樣的質疑對於大部分並非追隨流俗起舞的書寫者來說並不公平，卻足以引發進一步的思考：書寫父母或家族故事對於寫作者的核心價值究竟何在？從前文的討論中，我們已找到一個可能的答案──如果說書寫家族必始於自身，那麼它最終也必須回歸到自身，因此家族書寫的作品多少都隱含著「書寫自身」與「了解自我」的動機。正如張惠菁（1971～）對於「書寫父親」這件事的體會：「當我寫父親，也許是在寫自己。跟他一樣，得在這有限的世界裡住下來的我自己。」〔註10〕自我認識與了解是一條漫長的道路，書寫也因此得以綿延無止盡。

事實上，家族書寫的作品之所以能夠廣為讀者接受，也與此種文類本身的特質有關。表面上來看，家族書寫的內容不外個人與自家父母親人的故事，但由於個人的境遇往往是歷史片段的縮影，作者刻畫的雖然只是自己與家人的身影，卻也同時是「這個乖離歲月、流亡時代具有普遍性的故事」。〔註11〕因此這類文本也格外能引發讀者情感上的共鳴。但是，儘管內涵與精神能打動人心，但當此一題材已有不少足稱代表作的文本出現，類似作品的陸續問市，是否仍不免墮入重複的陷阱之內？賴香吟（1969～）對近年來家族書寫之觀察，或許提供了部份的答案：

> 近年幾位中年女性書寫朋友，在與我談到年華、疾病、死亡之時，不約而同寫出了關於家族的文章。這固然可歸類為戰後作家，這一批得以擁有穩定文字與心靈餘裕的寫作人，初次面對了家族父母的逝滅──同時也是二十世紀戰爭流離，語言族群大亂，飽受時代捉

所，2004年11月初版）。
〔註9〕張惠菁在《你不相信的事》一書中提到：「有一天，一個年輕的女孩對我說，她覺得我變得世故了，『妳像別人一樣都在寫父親。』」（台北：大塊文化出版公司，2005年6月初版），頁178。
〔註10〕見張惠菁《你不相信的事》（台北：大塊文化出版公司，2005年6月初版），頁178。
〔註11〕見龔鵬程〈說父親〉，收錄於張輝誠《離別賦》（台北：時報文化出版公司，2005年4月出版），頁14。

> 弄之整代人歷史的結束——所必然要湧生的傷逝書寫，不過，她們
> 所呈現的文體與故事，往往未必合於常識，甚至故意寫得違於常識，
> 這使得沉重的家族書寫，有了不可預料的發展，使得大歷史得以閃
> 爍那麼一絲流光與暗影，映照出一些女性的姿容。〔註12〕

如同賴香吟所指出的，家族書寫並不必然就要是沉重陰鬱的——因爲文學本來就可以充滿各種不同元素的激盪，來形塑出多元的可能與多變的面貌。更何況，家族書寫不僅是「個人生命記憶的銘現，也是觀照大時代的小歷史」〔註13〕，家族故事的追述與記憶，不僅爲過往的家族成員們留下曾經存在的證據，這些「閃爍於大歷史之中的流光暗影」，也爲每個特殊的歷史階段銘刻了些許印記。從這個觀點來看，可以期許的是台灣的家族書寫未來仍有許多可以試探與發展的空間，而當文本數量更加豐富，相信亦可反映出更多可待進一步研究探討的方向。

二、後續之研究方向

本文以「家族書寫」與「認同」爲核心概念，並以五位作家的作品爲範疇進行研究，而針對這幾個領域，筆者認爲至少還有下列可資後續研究的方向：

（一）以作家爲中心的研究

本文主要處理了郝譽翔、駱以軍、張大春、鍾文音、陳玉慧等五位作家的作品，但由於討論時以家族書寫作品中的認同問題爲核心，因此對於作家其他文類或風格的作品則無法兼及。但觀察個別作家寫作歷程與創作風格、關注題材之變化，亦具有一定的意義。舉例來說，駱以軍對於身世問題的關懷，早在《妻夢狗》〔註14〕一書中已可看出，但由於該書是以虛構性質爲主的小說，若將其與家族書寫並置探討，不免有過於「對號入座」、「將小說當傳記讀」的疑慮，因此筆者並未將該書納入主要的討論範圍，但若能進行以作家爲中心的專論，當不致有此遺珠之憾。鍾文音的小說創作《女島紀行》

〔註12〕見賴香吟〈童女之戰〉，收錄於周芬伶《母系銀河》（台北：印刻出版公司，
　　　　2005 年 4 月初版），頁 11～12。

〔註13〕見立緒文化編輯部〈家族書寫，大時代的小歷史——百年來一個大民族的多
　　　　元生命面貌〉，收錄於立緒文化編《我的父親母親》（台北：立緒文化有限公
　　　　司，2004 年 1 月初版），頁 3。

〔註14〕駱以軍《妻夢狗》（台北：元尊文化有限公司，1998 年 7 月初版）。

和《在河左岸》也是同樣的情況，這兩部書寫家族故事的作品均因文類的虛構性質而未納入探討，但《女島紀行》可說是鍾文音最早書寫家族的原型作品，若能將幾部作品加以比較，亦可看出鍾文音對家族故事與母女關係的持續書寫及關注。

　　此外，正如筆者於論文第一章時所提過的，目前除張大春與駱以軍外，另外三位作家仍未有學位論文的專題論述，但其實幾位作家的作品不論是小說創作、文學行旅、或是散文札記，在質量上均頗可觀，其中亦有不少可與家族或身世書寫互相參照之處。例如郝譽翔的新作《那年夏天，最寧靜的海》〔註15〕處理了「島嶼的身世」，她認爲「一個島嶼背後也是有龐大的身世」，卻可能湮沒在歷史之中，但這種「隨風而逝的故事」正是令她著迷與想要探究之處。〔註16〕由此亦可看出她對「身世議題」的持續關心和興趣；陳玉慧的小說《獵雷》〔註17〕，亦有不少關於身分認同問題的書寫；〔註18〕而鍾文音尚未出版的新作，則是在走訪美國古巴裔行動藝術家 Ana Mendieta 的同時，從她一生在身分與認同中糾葛的情境，看到了某些和自身島嶼相似的連接點。〔註19〕凡此皆可看出書寫及思索身世、身分認同等問題時，可以有許多的形式與切入點，而非局限於家族書寫一種。因此在這個部份相信仍有許多值得進一步探究的空間。

（二）以家族書寫與認同為中心的研究

　　本文的研究範圍主要集中於 2000～2004 年間完成的幾部作品，期能比較同一時空下不同的視角，但事實上家族書寫作品繁多，若能爬梳家族書寫發展之脈絡，與不同年代家族作品文本特色之差異，相信也是另一種頗具意義的切入點。若將範圍更爲擴展，延伸至兩岸三地、甚至海外華裔作家家族書寫之比較，想必也有許多值得深入探討之處，並可藉此觀察不同的歷史記憶與社會文化環境中，所激盪出的文學景觀有何差異。此外，從史學、社會學、政治學等領域切入的家族書寫，著眼點必然與文學創作有所不同，如司馬嘯

〔註15〕郝譽翔《那年夏天，最寧靜的海》（台北：聯合文學出版社，2005 年 4 月初版）。
〔註16〕見附錄一、郝譽翔訪談紀錄，頁 279。
〔註17〕陳玉慧《獵雷》（台北：聯合文學出版社，2000 年 11 月初版）。
〔註18〕明夏在對陳玉慧的訪談中亦曾指出這點：「身分認同一直是你關心的主題之一，不管是之前的《獵雷》或者這本《海神家族》。」見明夏文，陳玉慧譯〈丈夫以前是妻子——評論家丈夫明夏專訪小說家妻子陳玉慧〉，收錄於陳玉慧《海神家族》（台北：印刻出版公司，2004 年 10 月初版），頁 334。
〔註19〕參見附錄四、鍾文音訪談紀錄，頁 336～337。

青的《台灣五大家族》〔註20〕一書，細述了基隆顏家、板橋林家、霧峰林家、鹿港辜家、高雄陳家等五大家族在台灣的興衰起落、以及在近代史上所扮演的角色與地位。此類「家族史」的書寫，自然迥異於文學性的家族史，若能以跨領域整合的方式進行研究，或許也不失爲可以嘗試的新方向。

另一方面，婚姻可說是家庭的開端，父母的婚姻和諧與否更會直接影響到子女對婚姻與兩性關係的態度，因此文本中有關父母甚至敘述者婚姻關係之描述，亦可做爲進一步探究之議題；若由心理學的角度來看，子女在家庭中的排行順序、和手足間的相互支持或競爭關係，亦對成長過程中性格與自我概念之建立有一定的影響，值得加以注意。而在本文所討論的作品中，《海神家族》裡靜子與心如姐妹多年來的矛盾，是少數較深入地觸及手足關係的一部，其他文本在此面向之篇幅均較少，因此當家族書寫的文本量更爲豐富時，相信這些議題的相關思考也會更多，俾能進行更深入與細膩的研究。此外，本文所討論之作品均以長篇爲主，但不少以父母、家族爲題的短篇散作亦有可觀之處，可納入延伸閱讀與討論之範疇。如前述立緒文化所編之《我的父親母親》〔註21〕二書，收錄了百年來寫作父母的散文名篇，這些作品對於觀察不同年代或不同族群的家族生活，相信均有一定的意義與價值。

至於有關認同的部份，本文分別從個人認同、家族認同與國族認同的架構來切入探討。但由於認同實爲一個複雜與多元的概念，自然還有許多可供後續研究的層面，以族群認同爲例，目前坊間有不少族群文學的選本，如代表特定族群選集的《台灣原住民族漢語文學選集》〔註22〕、《台灣客家文學選集》〔註23〕、《臺灣眷村小說選》〔註24〕、《最後的黃埔：老兵與離散的故事》〔註25〕、《客家文學精選集：小說卷》〔註26〕，以及將視野擴大到「從日據到

〔註20〕見司馬嘯青《台灣五大家族》（台北：玉山社出版公司，2000 年 2 月初版）。
〔註21〕見立緒文化編《我的父親母親》（台北：立緒文化有限公司，2004 年 1 月初版）。
〔註22〕此系列共分爲小說卷上下、散文卷上下、評論卷上下、與詩歌卷等七本，見孫大川編《台灣原住民族漢語文學選集》（台北：印刻出版公司，2003 年 4 月初版）。
〔註23〕李喬《台灣客家文學選集》（台北：前衛出版社，2003 年 10 月初版）。
〔註24〕蘇偉貞編《臺灣眷村小說選》（台北：二魚文化有限公司，2004 年 2 月初版）。
〔註25〕齊邦媛、王德威編《最後的黃埔：老兵與離散的故事》（台北：麥田出版，城邦文化有限公司發行，2004 年 3 月初版）。
〔註26〕賴和、吳濁流等著《客家文學精選集：小說卷》（台北：天下遠見出版公司，2004 年 4 月初版）。

馬華，後設的思考所謂族群」問題的《原鄉人：族群的故事》〔註 27〕等，若將這些族群文學的作品加以研究，不論是針對單一族群的文本分析，抑或對於不同族群的作品進行比較，相信均可更深入地了解台灣族群問題的複雜與認同的多元。其實，本文所討論的認同問題，不論是姓名、身體、性別、父母、語言、宗教、文化、歷史、記憶等，均可加以抽離進行單一命題的深度分析，凡此皆為家族書寫之研究領域，可再思索與探究之方向。

〔註27〕 王德威、黃錦樹編《原鄉人：族群的故事》（台北：麥田出版，城邦文化公司發行，2004 年 11 月初版）。

參考文獻

壹、參考書目

一、文學創作

（一）中文作品

1. 巴金《家》。北京：人民文學出版社，1953年6月初版，2003年11月3版6印。

2. 王小波《黃金時代》。台北：風雲時代有限公司，1999年2月初版。

3. 王安憶《紀實與虛構》。台北：麥田出版，城邦文化有限公司發行，1996年10月初版。

4. 王宣一《國宴與家宴》。台北：時報文化出版公司，2003年1月初版。

5. 王德威、黃錦樹編《原鄉人：族群的故事》。台北：麥田出版，城邦文化有限公司發行，2004年11月初版。

6. 立緒文化編《我的父親母親》。台北：立緒文化有限公司，2004年1月初版。

7. 朱西甯《華太平家傳》。台北：聯合文學出版社，2002年2月初版。

8. 老舍《四世同堂》。台北：時報文化出版公司，2001年3月初版。

9. 利格拉樂‧阿𡠟《誰來穿我織的美麗衣裳》。台中：晨星出版公司，1996年7月初版。

10. 利格拉樂‧阿𡠟《紅嘴巴的 Vu Vu》。台中：晨星出版公司，1997年4月初版。

11. 李喬《台灣客家文學選集》。台北：前衛出版社，2003年10月初版。

12. 周芬伶《母系銀河》。台北：印刻出版公司，2005年4月初版。

13. 林文月《飲膳札記》。台北：洪範書店，1999 年 4 月初版。

14. 林語堂《京華煙雲》。台北：遠景出版社，2004 年 10 月初版。

15. 郝譽翔《逆旅》。台北：聯合文學出版社，2000 年 3 月初版。

16. 郝譽翔《初戀安妮》。台北：聯合文學出版社，2003 年 7 月初版。

17. 郝譽翔《那年夏天，最寧靜的海》。台北：聯合文學出版社，2005 年 4 月初版。

18. 孫大川編《台灣原住民族漢語文學選集》。台北：印刻出版公司，2003 年 4 月初版。

19. 夏曼・藍波安《冷海情深》。台北：聯合文學出版社，1997 年 5 月初版。

20. 康來新、林淑媛編《臺灣宗教文選》。台北：二魚文化有限公司，2005 年 5 月初版。

21. 許俊雅編《無語的春天 —— 二二八小說選》。台北：玉山社出版公司，2003 年 9 月初版。

22. 莫言《紅高粱家族》。台北：洪範書店，1990 年 3 月初版。

23. 陳大爲《句號後面》。台北：麥田出版，城邦文化有限公司發行，2003 年 12 月初版。

24. 陳文玲《多桑與紅玫瑰》。台北：大塊文化出版公司，2000 年 5 月初版。

25. 陳玉慧《失火》。台北：三三書坊出版，1990 年 7 月初版。

26. 陳玉慧《我的靈魂感到巨大的餓》。台北：聯合文學出版社，1997 年 11 月初版。

27. 陳玉慧《獵雷》。台北：聯合文學出版社，2000 年 11 月初版。

28. 陳玉慧《你是否愛過》。台北：聯合文學出版社，2001 年 7 月初版。

29. 陳玉慧《巴伐利亞的藍光》。台北：二魚文化有限公司，2002 年 4 月初版。

30. 陳玉慧《徵婚啓事》。台北：二魚文化有限公司，2002 年 4 月初版。

31. 陳玉慧《海神家族》。台北：印刻出版公司，2004 年 10 月初版。

32. 陳浩《一二三，到台灣》。台北：時報文化出版公司，2004 年 5 月初版。

33. 陳燁《泥河》。台北：自立時報文化出版部，1989 年 3 月初版。

34. 陳燁《烈愛眞華》。台北：聯經出版公司，2002 年 4 月初版。

35. 張大春《雞翎圖》。台北：時報文化出版公司，1980 年 5 月初版，1990 年 2 月二版。

36. 張大春《公寓導遊》。台北：時報文化出版公司，1986 年 6 月原始初版，1992 年 7 月初版，2002 年 6 月二版。

37. 張大春《歡喜賊》。台北：皇冠出版社，1989 年 3 月初版。

38. 張大春《尋人啓事》。台北：聯合文學出版社，1999 年 8 月初版。

39. 張大春《城邦暴力團》（壹）（貳）。台北：時報文化出版公司，1999 年 12 月初版。

40. 張大春《城邦暴力團》（參）（肆）。台北：時報文化出版公司，2000 年 8 月初版。

41. 張大春《聆聽父親》。台北：時報文化出版公司，2003 年 7 月初版。

42. 張大春《春燈公子》。台北：印刻出版公司，2005 年 8 月初版。

43. 張恨水《金粉世家》。太原：北岳文藝出版社，1993 年初版。

44. 張輝誠《離別賦》。台北：時報文化出版公司，2005 年 4 月初版。

45. 張惠菁《你不相信的事》。台北：大塊文化出版公司，2005 年 6 月初版。

46. 楊步偉《一個女人的自傳》。台北：傳記文學出版社，1967 年 8 月初版。

47. 楊佳嫻編《臺灣成長小說選》。台北：二魚文化出版公司，2004 年 11 月初版。

48. 楊澤編《魚骸：第十八屆時報文學獎得獎作品集》。台北：時報文化出版公司，1995 年 12 月初版。

49. 齊邦媛、王德威編《最後的黃埔：老兵與離散的故事》。台北：麥田出版，城邦文化有限公司發行，2004 年 3 月初版。

50. 賴和、吳濁流等著《客家文學精選集：小說卷》。台北：天下遠見出版公司，2004 年 4 月初版。

51. 駱以軍《妻夢狗》。台北：元尊文化有限公司，1998 年 7 月初版。

52. 駱以軍《第三個舞者》。台北：聯合文學出版社，1999 年 9 月初版。

53. 駱以軍《月球姓氏》。台北：聯合文學出版社，2000 年 11 月初版。

54. 駱以軍《遣悲懷》。台北：麥田出版，城邦文化有限公司發行，2001 年 11 月初版。

55. 駱以軍《遠方》。台北：印刻出版公司，2003 年 6 月初版。

56. 駱以軍《我未來次子關於我的回憶》。台北：印刻出版公司，2005 年 11 月初版。

57. 鄭明娳、林燿德《有情四卷——親情》。台北：正中書局，1989 年 12 月初版。

58. 簡媜《天涯海角——福爾摩沙抒情誌》。台北：聯合文學出版社，2002 年 3 月初版。

59. 鍾文音《女島紀行》。台北：探索文化出版公司，1998 年 11 月初版，2000 年 5 月再版。

60. 鍾文音《台灣美術山川行旅圖》。台北：新新聞文化有限公司，1999 年 10 月初版。

61. 鍾文音《昨日重現》。台北：大田出版公司，2001 年 2 月初版。

62. 鍾文音《永遠的橄欖樹》。台北：大田出版公司，2002 年 5 月初版。

63. 鍾文音《奢華的時光》。台北：玉山社出版公司，2002 年 5 月初版。

64. 鍾文音《情人的城市》。台北：玉山社出版公司，2003 年 8 月初版。

65. 鍾文音《美麗的苦痛》。台北：大田出版公司，2004 年 10 月初版。

66. 鍾文音《中途情書》。台北：大田出版公司，2005 年 11 月初版。

67. 蕭菊貞《銀簪子——終究，我得回頭看見自己》。台北：時報文化出版公司，2001 年 9 月初版。

68. 鐘麗慧編《我的母親》。台北：大地出版社，1983 年 5 月初版。

69. 鐘麗慧編《我的父親》。台北：大地出版社，1984 年 8 月初版。

70. 蘇偉貞編《臺灣眷村小說選》。台北：二魚文化有限公司，2004 年 2 月初版。

（二）翻譯作品

1. 鍾芭·拉希莉（Jhumpa Lahiri）著，彭玲嫻譯《同名之人》。台北：天培文化公司，2004年12月初版。

2. 奈波爾（V. S. Naipaul）著，孟祥森譯《世間之路》。台北：天下文化出版公司， 2002年12月初版。

3. 譚恩美（Amy Tan）著，施清眞譯《接骨師的女兒》。台北：時報文化出版公司，2002年3月初版。

二、理論與批評

（一）中文專著

1. 方祖燊《小說結構》。台北：東大圖書公司，1995年10月初版。

2. 王甫昌《當代台灣社會的族群想像》。台北：群學出版公司，2003年12月初版。

3. 王美文《閱讀台北天后宮》。台北：台北市天后宮管理委員會，2005年6月初版。

4. 王德威《眾聲喧嘩以後：點評當代中文小說》。台北：麥田出版，城邦文化有限公司發行，2001年10月初版。

5. 司馬嘯青《台灣五大家族》。台北：玉山社出版公司，2000年2月初版。

6. 行政院文建會編《紀念朱西甯先生文學研討會論文集》。台北：行政院文化建設委員會，2003年5月初版。

7. 李奭學《書話台灣》。台北：九歌出版社，2004年5月初版。

8. 呂正惠《戰後台灣文學經驗》。台北：新地文學出版社，1995年7月初版。

9. 宋如珊《從傷痕文學到尋根文學》。台北：秀威資訊有限公司，2001年1月初版，2003年4月二版。

10. 何乃英《日本當代文學研究》。北京：北京師範大學出版社，1997 年 6 月初版。

11. 吳明益《以書寫解放自然 —— 臺灣現代自然書寫的探索》。台北：大安出版社，2004 年 11 月初版。

12. 邱貴芬《仲介台灣・女人：後殖民女性觀點的台灣閱讀》。台北：元尊文化有限公司，1997 年 9 月初版。

13. 孟樊《後現代的認同政治》。台北：揚智文化有限公司，2001 年 6 月初版。

14. 邵玉銘、張寶琴、瘂弦編《四十年來中國文學》。台北：聯合文學出版社，1995 年 6 月初版。

15. 施正鋒編《族群政治與政策》。台北：前衛出版社，1997 年 6 月初版。

16. 范銘如《像一盒巧克力 —— 當代文學文化評論》。台北：印刻出版公司，2005 年 10 月初版。

17. 高格孚（Stephanc Corcuff）《風和日暖》。台北：允晨文化有限公司，2004 年 1 月初版。

18. 莊萬壽《台灣文化論 —— 主體性之建構》。台北：玉山社出版公司，2003 年 11 月初版。

19. 陳芳明《台灣現代小說史綜論》。台北：聯經出版公司，1998 年 12 月初版。

20. 陳芳明《後殖民台灣 —— 文學史論及其周邊》。台北：麥田出版，城邦文化有限公司發行，2002 年 4 月初版。

21. 陳芳明《孤夜獨書》。台北：麥田出版，城邦文化有限公司發行，2005 年 9 月初版。

22. 陳思和《中國新文學整體觀》。台北：業強出版社，1990 年 3 月初版。

23. 陳思和《秋裡拾葉錄》。山東：山東友誼出版社，2005 年 4 月初版。

24. 黃錦樹《謊言或真理的技藝：當代中文小說論集》。台北：麥田出版，城邦文化有限公司發行，2003 年 1 月初版。

25. 張大春《張大春的文學意見》。台北：遠流出版公司，1992 年 5 月初版。

26. 張素貞《現代小說啟事》。台北：九歌出版社，2001 年 8 月初版。

27. 張誦聖《文學場域的變遷》。台北：聯合文學出版社，2001 年 6 月初版。

28. 葉渭渠、唐月梅《日本文學史》。北京：經濟日報出版社，2000 年 1 月初版。

29. 楊照《夢與灰燼 —— 戰後文學史散論二集》。台北：聯合文學出版社，

1998 年 4 月初版。

30. 趙彥寧《戴著草帽到處旅行：性／別、權力、國家》。台北：巨流圖書有限公司，2001 年 11 月初版。

31. 廖炳惠《回顧現代——後現代與後殖民論文集》。台北：麥田出版，城邦文化有限公司發行，1994 年 9 月初版。

32. 廖炳惠《關鍵詞 200》。台北：麥田出版，城邦文化有限公司發行，2003 年 9 月初版。

33. 廖炳惠等編《重建想像共同體——國家、族群、敘述》。台北：行政院文建會，2004 年 4 月初版。

34. 蔡源煌《從浪漫主義到後現代主義》。台北：雅典出版社，1987 年 12 月初版。

35. 劉文斌《台灣國家認同變遷下的兩岸關係》。台北：問津堂書局，2005 年 4 月初版。

36. 盧建榮《分裂的國族認同 1975～1997》。台北：麥田出版，城邦文化有限公司發行，1999 年 2 月初版。

37. 謝思煒《中華文學通覽：燎之方揚——明代卷》。台北：書林出版社，1997 年 6 月初版。

38. 羅久蓉等《烽火歲月下的中國婦女訪問紀錄》。台北：中央研究院近代史研究所，2004 年 11 月初版。

（二）翻譯作品

1. 21世紀研究會編，張佩茹譯《人名的世界地圖》。台北：時報文化出版公司，2002年4月初版。

2. 艾弗瑞・阿德勒（Alfred Adler）著，蔡美玲譯《了解人性》。台北：遠流出版公司，1990年6月初版。

3. 艾弗瑞・阿德勒，黃光國譯《自卑與超越》。台北：志文出版社，1971年6月初版，1992年7月再版。

4. 艾弗瑞・阿德勒，黃光國譯《自卑與生活》。台北：志文出版社，1974年8月初版，1989年3月再版。

5. 瑪格莉特・愛特伍（Margaret Atwood）著，嚴韻譯《與死者協商：瑪格莉特・愛特伍談寫作》。台北：麥田出版，城邦文化有限公司發行，2004年3月初版。

6. 加斯東・巴舍拉（Gaston Bachelard）著，龔卓軍、王靜慧譯《空間詩學》。台北：張老師文化有限公司，2003年8月初版。

7. 羅蘭・巴特（Roland Barthes）著，許綺玲譯《明室・攝影札記》。台北：台灣攝影工作室，1997年12月修訂版。

8. 約翰・伯格（John Berger）著，吳莉君譯《觀看的方式》。台北：麥田出版，家庭傳媒有限公司城邦分公司發行，2005年10月初版。

9. 約翰・布雷蕭（John Bradshaw）著，鄭玉英、趙家玉譯《家庭秘密：重返家園的新契機》。台北：張老師文化有限公司，1997年9月初版。

10. 恩斯特・卡西勒（Ernst Cassirer）著，于曉等譯《語言與神話》。台北：桂冠圖書有限公司，2002 年 6 月初版。

11. 曼威・柯司特（Manuel Castells）著，夏鑄九、黃麗玲等譯《認同的力量》。台北：唐山出版社，2002 年 11 月初版。

12. Nancy J. Chodorow 著，張君玫譯《母職的再生產：心理分析與性別社會學》。台北：群學出版有限公司，2003 年 10 月初版。

13. Michele L. Crossley 著，朱儀羚、吳芝儀等譯《敘事心理與研究：自我、創傷與意義的建構》。嘉義：濤石文化有限公司，2004 年 8 月初版。

14. 費修珊（Shoshana Felman）、勞德瑞（Dori Laub）著，劉裘蒂譯《見證的危機：文學・歷史與心理分析》。台北：麥田出版，城邦文化有限公司發行，1997 年 8 月初版。

15. 南希・弗萊迪（Nancy Friday）著，楊寧寧譯《我母親／我自己》。上海：文匯出版社，2004 年 5 月初版。

16. 安東尼・紀登斯（Anthony Giddens）著，趙旭東、方文譯《現代性與自我認同》。台北：左岸文化出版，遠足文化有限公司發行，2002 年 4 月初版。

17. 顧恩特・希旭菲爾德（Gunther Hirschfelder）著，張志成譯《歐洲飲食文化》。台北：左岸文化出版，遠足文化有限公司發行，2004 年 1 月初版。

18. 伊雯・殷伯──布雷克（Even Imber-Black）著，侯維之譯《秘密，說還是不說》。台北：張老師文化有限公司，2001 年 7 月初版。

19. 伊雯・殷伯──布雷克（Evan Imber-Black）、簡寧・羅伯茲（Janine Roberts）著，林淑貞譯《生命中的戒指與蠟燭──創造豐富的生活儀式》。台北：張老師文化有限公司，1995 年 11 月初版。

20. 哈羅德・伊薩克（Harold R Isaacs）著，鄧伯宸譯《族群》。台北：立緒文化有限公司，2004 年 11 月初版。

21. 克蕾兒・馬可斯（Clare Cooper Marcus）著，徐詩思譯《家屋，自我的一面鏡子》。台北：張老師文化有限公司，2000 年 10 月初版。

22. 蘿普（Rebecca Rupp）著，洪蘭譯《記憶的秘密》。台北：貓頭鷹出版社，2004 年 2 月初版。

23. 芭貝・瓦德茲基（Barbel Wardetzki）著，林敏雅譯《女性自戀：女人的認同渴求與自我價值感》。台北：商周出版，家庭傳媒城邦分公司發行，2005 年 4 月初版。

24. Kathryn Woodward 等著，林文琪譯《身體認同：同一與差異》。台北：韋伯文化出版公司，2004 年 9 月初版。

（三）英文部分

1. Eagleton, Terry. *Criticism and Ideology.* London: Verso, 1978.

2. Kristeva, Julia. *Black Sun*: *Depression and Melancholy.* Trans. Leon S. Roudize. New York: Columbia UP, 1989.

3. Hall, Stuart and D. Hobson ， eds. *Culture, Media, Language.* London: Hutchinson, 1980.

貳、期刊論文

一、單篇論文與報章資料

（一）中文作品

1. 巴金〈關於《家》〉，收錄於氏著《家》。北京：人民文學出版社，2003年11月3版6印，頁381～394。

2. 王甫昌〈風和日暖 —— 外省人與國家認同轉變〉，收錄於高格孚《風和日暖》，台北：允晨文化實業公司，2004年1月初版，頁7～11。

3. 王德威〈海派作家，又見傳人 —— 論王安憶〉，收錄於王安憶《紀實與虛構》。台北：麥田出版，城邦文化有限公司發行，1996年10月初版，頁7～25。

4. 王德威〈我華麗的淫猥與悲傷〉，收錄於駱以軍《遣悲懷》，台北：麥田出版，城邦文化有限公司發行，2001年11月初版，頁7～30。

5. 王德威〈也是新台灣人素描 —— 評張大春《尋人啓事》〉，收錄於氏著《眾聲喧嘩以後：點評當代中文小說》。台北：麥田出版，城邦文化有限公司發行，2001年10月初版，頁44～46。

6. 王德威〈父親的病〉，《聯合報‧B5版》，2003年8月3日。

7. 文化研究學會、《台灣社會研究季刊》主辦之「文化批判論壇」〈爲什麼大和解不／可能？ —— 省籍問題中的災難與希望〉。《文化研究月報》電子報第4期，2001年6月15日。

8. 立緒文化編輯部〈家族書寫，大時代的小歷史 —— 百年來一個大民族的多元生命面貌〉，收錄於立緒文化編《我的父親母親》。台北：立緒文化有限公司，2004年1月初版，頁3～6。

9. 朱天文〈弱點的張大春〉，《聯合報‧讀書人版》，2003年8月24日。

10. 朱雙一〈語言陷阱的顛覆 —— 張大春論〉，《聯合文學》第128期，1995年6月出版，頁132～137。

11. 江宜樺〈新國家運動下的台灣認同〉，收錄於林佳龍等主編《民族主義與

兩岸關係——哈佛大學東西方學者的對話》。台北：新自然主義有限公司，2001 年 4 月初版，頁 189～191。

12. 江斐琪〈陳玉慧樂做無家的人〉，《中國時報・37 版》，2002 年 5 月 20 日。

13. 余德慧〈生活的歡愉・生命的慶典〉，收錄於伊雯・殷伯——布雷克（Evan Imber-Black）、簡寧・羅伯茲（Janine Roberts）著，林淑貞譯《生命中的戒指與蠟燭——創造豐富的生活儀式》。台北：張老師文化有限公司，1995 年 11 月初版，頁 2～5。

14. 李美枝、李怡青〈我群與他群的分化：從生物層次到人的層次〉，《本土心理學研究第 20 期：族群認同與群聚關係》，台北：台灣大學心理系本土心理學研究室編輯出版，桂冠圖書公司發行，2003 年 12 月初版，頁 3～38。

15. 李美麗紀錄〈記憶與再現——臺灣當代小說中的譜系探索〉，《中央日報・18 版》，2001 年 2 月 16 日。

16. 李奭學〈尤里西斯的傷疤——評郝譽翔著《逆旅》〉，收錄於氏著《書話台灣》。台北：九歌出版社，2004 年 5 月初版，頁 105～107。

17. 李奭學〈千年一嘆——評朱西甯著《華太平家傳》〉，收錄於氏著《書話台灣》。台北：九歌出版社，2004 年 5 月初版，頁 161～164。

18. 李慶西〈尋根：八十年代的反文化回歸〉，收錄於邵玉銘、張寶琴、瘂弦編《四十年來中國文學》。台北：聯合文學出版社，1995 年 6 月初版，頁 324～340。

19. 呂正惠〈海峽兩岸小說之比較——一個主觀印象的觀察〉，收錄於氏著《戰後台灣文學經驗》。台北：新地文學出版社，1995 年 7 月初版，頁 197～206。

20. 巫維珍訪問〈徵婚需要一點幽默感——陳玉慧答客問〉，收錄於陳玉慧《徵婚啟事》。台北：二魚文化有限公司，2002 年 4 月初版，頁 6～17。

21. 利格拉樂・阿𡠄〈尋找他的名字——蝴蝶與自我的辯證〉，《中外文學》第 27 卷第 9 期，1999 年 2 月出版，頁 117～127。

22. 阮若缺〈福樓拜，自傳體作者？〉，《中外文學》第 33 卷第 12 期，2005 年 2 月，頁 45～57。

23. 周志建〈敘事治療與現實治療之比較〉，《諮商與輔導》第 200 期，2002 年 8 月出版，頁 18～22。

24. 吳錫德〈話說自傳小說〉，《世界文學第 3 期：小說裡的「我」》。台北：麥田出版，城邦文化有限公司發行，2002 年 5 月初版，頁 5～6。

25. 吳潛誠〈喂，你是哪一國人？——解構國族・文化認同〉，《民眾日報・第 4 版》，1995 年 8 月 28 日。

26. 林水福〈我看「私の杜麗珍」〉，《自由時報・自由副刊》，2001 年 10 月 8

日。

27. 林秀玲〈亦父、亦師、亦友：張大春的《聆聽父親》〉，《文訊》2003 年 10 月號，頁 31～32。

28. 林淑媛〈蓮華步步生〉，收錄於康來新、林淑媛編《臺灣宗教文選》。台北：二魚文化有限公司，2005 年 5 月初版，頁 11～14。

29. 林素英〈流放者之歌：試論母職理論與《客途秋恨》中之母女關係〉，《中外文學》第 28 卷第 5 期，1999 年 10 月出版，頁 45～59。

30. 柯品文〈屬於那些重生的家族記憶〉，《文訊》第 188 期，2001 年 6 月，頁 35。

31. 范銘如〈土地氣味的家族史〉，《聯合報·30 版》，2001 年 2 月 19 日。後收錄於氏著《像一盒巧克力——當代文學文化評論》。台北：印刻出版公司，2005 年 10 月初版，頁 20～23。

32. 范銘如〈靈光閃爍的迷魅〉，《中國時報·開卷周報》，2003 年 7 月 27 日。

33. 胡衍南〈捨棄原鄉鄉愁的兩個模式——談朱天心、張大春的小說創作〉，《台灣文學觀察》第 7 期，1993 年，頁 117～135。

34. 胡衍南〈「外省第二代」作家的父親（家族）書寫〉，收錄於《兩岸現代文學發展與思潮學術研討會論文集》。台北：佛光人文社會學院文學系編，2004 年 10 月，頁 135～163。

35. 胡紹嘉〈于秘密之所探光：遭遇的書寫與描繪的自我〉，收錄於《應用心理研究季刊 25 期：生命書寫與心理健康》。台北：應用心理研究雜誌社出版，五南圖書出版有限公司發行，2005 年 3 月出版，頁 29～54。

36. 高譜鎮〈被「撕裂」的國家：台灣認同問題的理論反思〉，《教育社會學通訊》第 53 期，2004 年 5 月，頁 9～28。

37. 郝譽翔〈一九九一年的夏天〉，《聯合文學》第 219 期，2003 年 1 月出版，頁 20～22。

38. 郝譽翔〈沒有出口的文字迷宮〉，《中國時報·開卷周報》，2005 年 11 月 13 日。

39. 徐淑卿〈聆聽張大春，帶著笑聲的家族故事〉，《中國時報·開卷周報》，2003 年 8 月 3 日。

40. 莊宜文〈郝譽翔：在無菌的真空世界〉，《文訊》1997 年 3 月號，頁 29～32。

41. 許銘義〈得獎感言〉，收錄於楊澤主編《魚骸：第十八屆時報文學獎得獎作品集》。台北：時報文化出版公司，1995 年 12 月初版，頁 71。

42. 許俊雅〈小說中的「二二八」〉，收錄於許俊雅編《無語的春天——二二八小說選》（台北：玉山社出版公司，2003 年 9 月初版），頁 4～41。

43. 許薇宜採訪〈挖掘，正以一種姿態行進著〉，《野葡萄文學誌》第 14 期，

2004 年 10 月，頁 44～49。

44. 陳玉玲〈女性童年的烏托邦〉，《中外文學》第 292 期，1996 年 9 月，頁 103～130。

45. 陳芳明〈女性自傳文學的重建與再現〉，收錄於氏著《後殖民台灣——文學史論及其周邊》。台北：麥田出版，城邦文化有限公司發行，2002 年 4 月初版，頁 151～172。

46. 陳芳明〈從父祖之國到媽祖之土——初讀陳玉慧《海神家族》〉，收錄於氏著《孤夜獨書》。台北：麥田出版，城邦文化有限公司發行，2005 年 9 月初版，頁 92～97

47. 陳芳明〈以擦亮每一顆文字刷新歷史——《九十三年散文選》序〉，收錄於氏著《孤夜獨書》。台北：麥田出版，城邦文化有限公司發行，2005 年 9 月初版，頁 98～106。

48. 陳姿羽〈寫作的砝碼：2003 最佳書獎得獎作家直擊〉，《聯合報・讀書人版》，2003 年 12 月 14 日。

49. 陳淑純〈霍夫曼另類自我表達——典範的「貓」格與分裂的「人」格〉，《世界文學第 3 期：小說裡的「我」》。台北：麥田出版，城邦文化有限公司發行，2002 年 5 月初版，頁 87～106。

50. 陳家倫〈台灣宗教行動圖像的初步建構〉，收錄於《宗教與社會變遷：第三期第五次台灣社會變遷基本調查之研究分析研討會》會議論文。台北：中央研究院社會學研究所主辦，2001 年 3 月 23 日～24 日。

51. 陳國偉〈世界秩序的汰換與重置——駱以軍小說中的華麗知識系譜〉，《第五屆青年文學會議論文集》，2001 年 11 月初版，頁 1～24。

52. 陳嬿文撰文〈伊能靜 vs.鍾文音：百變精靈／不斷向昨日告別的女人〉，《聯合文學》第 220 期，2003 年 2 月出版，頁 46～56。

53. 曾端真〈幼年的母女關係與母職模式〉，《應用心理研究》第 7 期，2000 年 9 月出版，頁 34～38。

54. 黃子平〈「故鄉的食物」：現代文人散文中的味覺記憶〉，《中外文學》第 31 卷第 3 期，2002 年 8 月，頁 41～53。

55. 黃文儀〈我的旅行——鍾文音〉，《幼獅文藝》第 612 期，2004 年 12 月出版，頁 96～101。

56. 黃文儀〈三個陳玉慧〉，《誠品好讀》第 51 期，2005 年 2 月出版，頁 73。

57. 黃宗慧〈男體：書寫的難題？〉，《文化研究月報》電子報第 10 期，2001 年 12 月 15 日。

58. 黃文儀〈入土誰安？：論《尤利西斯》〈陰間〉一章中的屍體、葬儀與哀悼〉，《臺大文史哲學報》第 56 期，2002 年 5 月出版，頁 327～354。

59. 黃宗潔〈我們是那樣被設定了身世：論駱以軍《月球姓氏》與郝譽翔《逆

旅》中的姓名、身世與認同〉，收錄於《第七屆青年文學會議論文集》。台北：文訊雜誌社，2003 年 11 月初版，頁 173～196。（本文以徐宗潔之名發表）

60. 黃宗潔〈林文月飲食散文中的人‧情‧味——從〈蘿蔔糕〉一文談起〉，《幼獅文藝》第 613 期，2005 年 1 月出版，頁 58～63。

61. 黃宗潔〈試論當代台灣家族書寫中的感官記憶〉，《中國學術年刊》第 27 期，2005 年 9 月出版，頁 205～220。

62. 黃錦樹〈謊言的技術與眞理的技藝——書寫張大春之書寫〉，收錄於氏著《謊言或眞理的技藝：當代中文小說論集》。台北：麥田出版，城邦文化有限公司發行，2003 年 1 月初版，頁 205～239。

63. 黃錦樹〈隔壁房間的裂縫——論駱以軍的抒情轉折〉，收錄於氏著《謊言或眞理的技藝：當代中文小說論集》。台北：麥田出版，城邦文化有限公司發行，2003 年 1 月初版，頁 339～362。

64. 黃錦樹〈家庭劇場：流離與破碎——評駱以軍《月球姓氏》〉，收錄於氏著《謊言或眞理的技藝：當代中文小說論集》。台北：麥田出版，城邦文化有限公司發行，2003 年 1 月初版，頁 450～452。

65. 黃錦樹〈身世、背景，與斯文——《華太平家傳與中國現代性》〉，收錄於行政院文建會編《紀念朱西甯先生文學研討會論文集》。台北：行政院文化建設委員會，2003 年 5 月初版，頁 95～124。

66. 黃錦樹〈悠悠說給兒孫聽〉，《中國時報‧開卷周報》，2003 年 8 月 10 日。

67. 黃翠娥〈日本自傳文學中的「我」——以近現代文學爲中心〉，《世界文學第 3 期：小說裡的「我」》。台北：麥田出版，城邦文化有限公司發行，2002 年 5 月初版，頁 48～70。

68. 葉啓政〈一塊被撕裂的土地——台灣人失落的國族認同迷思〉，收錄於廖炳惠等編《重建想像共同體——國家、族群、敘述》。台北：行政院文建會，2004 年 4 月初版，頁 315～343。

69. 張大春〈一切都是創作——新聞‧小說‧新聞小說〉，收錄於氏著《張大春的文學意見》。台北：遠流出版公司，1992 年 5 月初版，頁 9～14。

70. 張大春〈坦白從寬〉，《中國時報‧39 版》，1994 年 1 月 11 日。

71. 張大春〈倘若生活是縮減，便與它對峙——王小波《時代三部曲》的一個蠡測〉，收錄於王小波《黃金時代》。台北：風雲時代有限公司，1999 年 2 月初版，頁 1～10。

72. 張大春〈錯過〉，收錄於氏著《尋人啓事》。台北：聯合文學出版社，1999 年 8 月初版，頁 9～26。

73. 張守慧〈德國猶太文學中的「自傳」傳統——以麥蒙「一生的故事」爲例〉，《世界文學第 3 期：小說裡的「我」》。台北：麥田出版，城邦文化

有限公司發行，2002 年 5 月初版，頁 71～86。

74. 張茂桂〈臺灣的政治轉型與政治的「族群化」過程〉，收錄於施正鋒主編《族群政治與政策》。台北：前衛出版社，1997 年 6 月初版，頁 37～71。

75. 張茂桂〈臺灣歷史上的族群關係：談「身分認同政治」的幾個問題〉，《講義彙編：臺灣史蹟源流研習會講義彙編》，1996 年 2 月號，頁 1～22。

76. 張素貞〈傷悼流年、流亡、流浪——郝譽翔的《逆旅》〉，收錄於氏著《現代小說啓事》。台北：九歌出版社，2001 年 8 月初版，頁 222～224。

77. 張瑞芬〈彷彿在君父的城邦——郝譽翔《逆旅》、駱以軍《月球姓氏》、朱天心《漫遊者》三書評介〉，《明道文藝》第 299 期，2001 年，頁 29～37。

78. 張殿〈爲家族囚禁史，鍾文音赴獄私體驗〉，《聯合報・讀書人版》，2005 年 6 月 20 日。

79. 張誦聖〈王文興小說中的藝術和宗教追尋〉，收錄於氏著《文學場域的變遷》。台北：聯合文學出版社，2001 年 6 月初版，頁 37～53。

80. 張誦聖〈從《家變》的形式設計談起〉，收錄於氏著《文學場域的變遷》。台北：聯合文學出版社，2001 年 6 月初版，頁 159～167。

81. 溫彤瑋〈張大春 vs.作家預備軍〉，《野葡萄文學誌》第 3 期，2003 年 11 月出版，頁 52～59。

82. 趙如璽採訪撰文〈悲涼又美麗的宿命——鍾文音的「魔幻」雲林〉，《行遍天下》第 137 期，2003 年 2 月，頁 72～73。

83. 楊佳嫻〈在歷史的裂隙中——駱以軍《月球姓氏》的記憶書寫〉，《中外文學》第 32 卷第 1 期，2003 年 6 月號，頁 109～125。

84. 楊佳嫻〈臺灣成長小說選・序論〉，收錄於楊佳嫻編《臺灣成長小說選》。台北：二魚文化出版公司，2004 年 11 月初版，頁 7～25。

85. 楊照〈歷史大河中的悲情——論臺灣的「大河小說」〉，收錄於張寶琴編《四十年來中國文學》。台北：聯合文學出版社，1995 年，頁 176～191。

86. 楊照〈啓蒙的驚怵與傷痕——當代台灣成長小說的悲劇傾向〉，收錄於氏著《夢與灰燼——戰後文學史散論二集》。台北：聯合文學出版社，1998 年 4 月初版，頁 198～211。

87. 楊錦郁整理〈創造新的類型，提供新的刺激——李瑞騰專訪張大春〉，《文訊》革新第 60 期（總號 99），1994 年 1 月，頁 85～90。

88. 廖咸浩〈講評稿〉，收錄於胡衍南〈捨棄原鄉鄉愁的兩個模式——談朱天心、張大春的小說創作〉，《台灣文學觀察》第 7 期，1993 年，頁 133～135。

89. 廖咸浩〈有情與無情之間——中西成長小說的流變〉，《幼獅文藝》第 511 期，1996 年 7 月出版，頁 81～88。

90. 廖咸浩〈尋父之悲情與弒父之必要 —— 台灣世紀末的父／權〉,《聯合文學》第 12 卷第 10 期,1996 年 8 月出版,頁 72～75。

91. 廖炳惠〈游離族群與文化認同 —— 試論黃哲倫的《航行記》〉,收錄於氏著《回顧現代 —— 後現代與後殖民論文集》。台北:麥田出版,城邦文化有限公司發行,1994 年 9 月初版,頁 169～191。

92. 廖炳惠〈來自懵懂的記憶角落〉,《中央日報・21 版》,2001 年 1 月 3 日。

93. 蔡振豐〈昨日重現〉,《中國時報・開卷周報》,2001 年 3 月 18 日。

94. 蔡源煌〈何謂詮釋?〉,收錄於氏著《從浪漫主義到後現代主義》。台北:雅典出版社,1987 年 12 月初版,頁 229～236。

95. 蔡源煌〈「作者之死」新詮〉,收錄於氏著《從浪漫主義到後現代主義》。台北:雅典出版社,1987 年 12 月初版,頁 249～256。

96. 滕淑芬採訪整理〈大頭春的告白 —— 張大春專訪〉,《光華》第 18 卷第 1 期,1993 年 1 月出版。

97. 駱以軍〈從《紅字團》到《西夏旅館》〉,《印刻文學生活誌》第 28 期,2005 年 12 月出版,頁 32～47。

98. 劉裘蒂〈沒有一具屍體的現代啟示錄 —— 一段與真理摩擦的歷史〉,收錄於費修珊(Shoshana Felman)、勞德瑞(Dori Laub)著,劉裘蒂譯《見證的危機:文學・歷史與心理分析》。台北:麥田出版,城邦文化有限公司發行,1997 年 8 月初版,頁 5～13。

99. 劉惠琴〈母女關係的社會建構〉,《應用心理研究》第 6 期,2000 年夏,頁 97～130。

100. 劉慕沙〈看電聯車的日子〉,收錄於朱西甯《華太平家傳》。台北:聯合文學出版社,2002 年 2 月初版,頁 881～886。

101. 蔡依珊採訪〈郝譽翔:游移兩座乳房的無性靈魂〉,《野葡萄文學誌》2004 年 9 月號,頁 44～49。

102. 蔡淑玲〈莒哈絲時空異質的影像書寫〉,《中外文學》第 27 卷第 9 期,1999 年 2 月,頁 128～151。

103. 賴廷恆〈張大春徹底離家〉,《中國時報・D8 版》,2003 年 8 月 1 日。

104. 賴香吟〈童女之戰〉,收錄於周芬伶《母系銀河》。台北:印刻出版公司,2005 年 4 月初版,頁 7～13。

105. 駱以軍〈大師的逃亡 —— 訪張大春談他的新作〉,《中華日報・16 版》,1999 年 3 月 4 日。

106. 駱以軍〈小說技法之大軍團式操演〉,《聯合報・48 版》,2000 年 2 月 14 日。

107. 駱以軍〈停格的家族史:《月球姓氏》的寫作緣起〉,《文訊》2001 年 2 月號,頁 100～102。

108. 駱以軍〈數字正在滴滴倒數〉，收錄於蕭菊貞《銀簪子——終究，我得回頭看見自己》。台北：時報文化出版公司，2001 年 9 月初版，頁 16～19。

109. 謝金蓉〈張大春：作家本來就是獨裁的〉，《新新聞》560A 期，1997 年 11 月 30 日，頁 74～79。

110. 顏擇雅〈台灣女性的家族史觀〉，《民生報·A10 版》，2005 年 1 月 23 日。

111. 鍾文音〈無根的家族樹〉，《中國時報·42 版》，2000 年 12 月 7 日。

112. 鍾文音〈荒蕪裡的光：紅橋下的布袋戲、書院莊園與媽祖婆〉，《聯合文學》第 234 期，2004 年 4 月初版，頁 144～146。

113. 鍾文音〈一個台北客的出走計畫〉，《中國時報·人間副刊》，2004 年 5 月 5 日。

114. 魏可風整理〈文學外遇：張大春 vs.楊照談《撒謊的信徒》〉，《聯合文學》第 12 卷第 7 期，頁 10～18。

115. 龔鵬程〈說父親〉，收錄於張輝誠《離別賦》。台北：時報文化出版公司，2005 年 4 月出版，頁 12～15。

（二）翻譯作品

1. 約翰·布雷蕭（John Bradshaw）〈探索家庭的秘密〉，收錄於約翰·布雷蕭（John Bradshaw）著，鄭玉英、趙家玉譯《家庭秘密：重返家園的新契機》。台北：張老師文化有限公司，1997年9月初版），頁5～11。

2. 明夏（Michael Cornelius）文，陳玉慧譯〈丈夫以前是妻子——評論家丈夫明夏專訪小說家妻子陳玉慧〉，收錄於陳玉慧《海神家族》。台北：印刻出版公司，2004年10月初版，頁321～335。

（三）英文作品

1. Althusser, Louis. "Ideology and Ideological State Apparatuses". *Lenin and Philosophy and Other Essays.* Trans. Ben Brewster. New York: Monthly Review, 1971, 174-6.

2. Barthes, Roland: The death of the Author. In: Barthes, Roland: *Image/Music/Text.* Essays selected and translated by Stephen Heath. New York: The Noonday Press, 1977, 142-148.

3. Taylor, Charles. "The Politics of Recognition". *Multiculturalism : Examining the Politics of Recognition.* Ed. Amy Gutman. Princeton: Princeton University Press, 1994, 25.

（四）網路資料

1. 施正鋒〈台灣人的國家認同〉，
http://www.wufi.org.tw/shih/f0008.htm，2005。

2. 徐德明〈金粉世家與家族小說〉，

http://www.cctv.com/program/bjjt/20041008/101521.shtml，2005。

3. 陳建忠〈荒謬的時代戲劇——談駱以軍的《月球姓氏》與族群文學書寫〉，
http://www.supermbox.com.tw/4book/Comment/CommentContentIndex.hi?
SSN=1025，2005。

4. 蔡康永採訪〈媽祖保護的台灣女兒：《海神家族》陳玉慧〉，
http://www.pts.org.tw/~web01/tuesday/t_051.htm，2005。

5. 劉易〈以報人的冷峻眼光看世界：張恨水長孫談《金粉世家》〉，
http://www.booker.com.cn/gb/paper19/56/class001900005/hwz232563.htm
，2005。

二、學位論文

1. 王淑雯《大河小說與族群認同：以《臺灣人三部曲》、《寒夜三部曲》、《浪
淘沙》爲焦點的分析》。台北：台灣大學社會學研究所碩士論文，1993。

2. 王慧芬《台灣客籍作家長篇小說中人物的文化認同》。台中：東海大學中
文系碩士論文，1998。

3. 石曉楓《八、九○年代兩岸小說中的少年家變》。台北：台師大國文系博
士論文，2003。

4. 朱玉芳《論陳若曦小說中的文化認同》。台中：東海大學中文系碩士論文，
1999。

5. 何明娜《張大春短篇小說研究》。台北：台師大國文系在職進修班碩士論
文，2003。

6. 林培欽《張大春魔幻寫實小說研究》。台北：市立師範學院應用語言文學
研究所碩士論文，1993。

7. 胡金倫《政治、歷史與謊言——張大春小說初探（1976～2000）》。台北：
政治大學中文系碩士論文，2001。

8. 陳文美《認同與疏離之間——少年小說中的母女關係》。台東：台東師
範學院兒童文學研究所碩士論文，2000。

9. 陳惠菁《新國民浮世繪——以駱以軍爲中心的台灣新世代小說研究》。
台北：政治大學中文系碩士論文，2000。

10. 曾珍《九十年代女作家小說兩性關係情節暨教學研究》。高雄：高師大國
文教學碩士班碩士論文，2003。

11. 黃孟慧《台灣九○年代以來旅行文學研究（1990～2002）》。台北：市立
師範學院應用語言文學研究所碩士論文，2003。

12. 張佩珍《台灣當代女性文學中的母女關係探討》。嘉義：南華大學文學研
究所碩士論文，2000。

13. 趙慶華《認同與書寫——以朱天心與利格拉樂‧阿𡠄爲考察對象》。台

南：成功大學台文所碩士論文，2003。

14. 劉紋豪《國族認同的失落與爭辯——朱天心小說研究（1977～2000）》。台北：淡江大學中文系碩士論文，2002。

15. 謝嘉琪《余光中詩中的文化認同研究》。嘉義：中正大學中文系碩士論文，2002。

附錄一　郝譽翔訪談紀錄

【作家小傳】

　　郝譽翔，1969 年生。國立台灣大學中文系碩、博士，現任國立東華大學中文系副教授。郝譽翔之碩士論文為《民間目連戲中庶民文化之探討：以宗教、道教與小戲為核心》（1994 年），博士論文為《儺：中國儀式戲劇之研究》（1997 年），學術專長包括儀式戲劇、現代文學等。在文學創作方面，曾多次獲得中央日報文學獎，包括 1994 年〈布娃娃之夢〉、1995 年〈窗外〉、〈飛行紀事〉；此外，1996 年以〈洗〉獲得聯合文學小說新人獎首獎、1998 年〈午後電話〉獲時報文學獎首獎、〈島與島〉獲華航旅行文學獎、〈我是誰？！……論八〇年代台灣小說中的政治迷惘〉獲全國大專學生文學獎、1999 年〈餓〉獲台北文學獎評審獎等。郝譽翔之創作常被歸類為「女性」或「情慾」書寫，但其實性別、情慾、科幻、家族等均為她曾經嘗試的寫作類別，其中有關「身世」的議題，更是郝譽翔近來著重的創作方向。著有小說：《那年夏天，最寧靜的海》、《初戀安妮》、《逆旅》、《洗》；散文《衣櫃裡的秘密旅行》；劇本《松鼠自殺事件》；評論集《情慾世紀末》；並曾改編電影劇本為小說《上海教父1920》；另有與梅家玲合編之《小說讀本》（上）（下）。

【關於《逆旅》】

　　《逆旅》出版於 2000 年，郝譽翔曾表示此書之創作源起，是因為父親突然表示他要回大陸，以後不再回來了，她因此寫下這部「給父親的告別辭」。

因此《逆旅》所寫的，不僅是父親郝福禎（郝青海）一生的旅程，也是一個女兒回溯父親、尋找父親之旅。《逆旅》以夾雜紀實與虛構的筆法，書寫歷史與家族過往。不過其中關於歷史事件的書寫，如山東學生流亡歷史、澎湖案等，雖屬小說中重要之背景，但整體而言，政治與歷史等關懷在文中仍屬點到爲止；郝譽翔著力之處，其實是父親在大時代的變遷下，一生的漂泊流離。至於女兒與父母間疏離、矛盾之情感，亦爲小說中刻畫較深之處。

【訪談紀錄】

時間：2004 年 3 月 4 日 13：30
地點：永和市
訪問者：黃宗潔

從文學獎出發（以下標題均爲筆者所加）

黃宗潔（以下簡稱黃）：可否請您先談一談在求學和成長過程中，有沒有什麼經歷對日後的創作有較大的影響？

郝譽翔（以下簡稱郝）：寫作這個東西對我來說可能是天生的，我大概天生就對文字比較有興趣。我從小就喜歡看故事書，特別喜歡寫作文，可是我覺得這和創作還是有一段距離。我覺得對我們五年級這一輩來講，其實創作環境已經不是這麼好了，發表的管道比較少了。四年級那一輩當時文學刊物還很蓬勃，可是到我們這一輩就沒有了，那時我們的雜誌大概就只剩《聯合文學》，而且我們也不像上一輩的人經常同盟起來辦刊物，像《中外文學》，我們就真的只是靠文學獎，事實上那時候的文學獎也已經是尾聲了。台灣的文學獎從 1980 年代開始，最興盛的時候就是張大春、朱天文得獎的時候，但等到我們這一代的時候，文學獎已經是尾聲了。儘管如此，文學獎好像還是我們檢驗自己創作的唯一一個管道，所以我真正開始創作，我覺得是從中央日報文學獎開始。我一直很感謝梅新先生，我跟梅新認識是因爲曾永義老師的關係，那是我研究所的時候，還在寫很青澀的文章，曾老師就介紹梅新、介紹中央日報副刊，後來我在上面發表文章，得了中央日報副刊的新人獎。當時的新人獎是由每一年的副刊裡面挑選他們覺得寫得不錯的新人的文章，對於一個年輕的創作者來說，那個獎很不錯。後來我又得了中央日報文學獎，小說、散文獎等等。其實我覺得創作這種東西真的是有一些運氣，我覺得我

蠻幸運的，這些獎、這些長輩的支持是很大的鼓勵。我覺得這是一個蠻大的轉捩點，因為那時進了研究所之後，很多人就走學術的路，不再創作了。所以我覺得一個良好的發表、創作的環境，對一個年輕的創作者還是蠻重要的，台灣現在比較可惜的就是發表的環境越來越差了。

黃：我覺得現在網路文學越來越多之後，好像感覺上或多或少有一些影響，文字對大家來說好像變得不那麼重要，反而喜歡接受那些快速的、大量製造的訊息。

郝：感覺上大家都搶著標新立異，不是很計較品質的好壞。基本上我對網路沒什麼好感，我承認那是一個空間，可是這個空間對文學來講到底是好還是壞，我還是存在一些疑惑。

黃：所以我感覺現在整個出版界似乎都走向那種大量、快速的訊息提供，幾乎每天都會有一兩本新書上架，可是品質卻良莠不齊。

郝：我覺得這到最後會害死所有的人。目前台灣的出書量，每年是四萬多本，美國也是四萬多本，美國那麼大的市場、那麼多作家，它一年也只出四萬多本，台灣這樣一個小島也出四萬多本。所以像我們的書出來，不管好壞，頂多就是兩個禮拜就下架。其實每個書店都知道這個問題，因為到最後沒有一本書推得動，一本書只有兩個禮拜的壽命，這樣怎麼可能賣得出去？除非做到像王文華那樣的暢銷書，它的壽命才比較長，否則其他的書都是很快地輪替。

黃：我感覺這個現象是這一兩年來很明顯。

郝：這跟他們整個書店經營惡化有關，因為現在幾乎都是以書養書。比如說我今天送了十本書到你書店去，我就會得到一筆錢，可是可能過了一個月以後，這十本書有八成都會被退回來，我就必須把錢退還給你，那什麼樣的方法可以不要把錢還給你？就是再給你十本書。所以他們不得不出這麼多書，最後就變成像滾雪球一樣越滾越大，其實每一家出版社都很擔心。

黃：所以感覺不管本土的也好，翻譯的也好，都是不斷在量產。

郝：所以我覺得很荒謬，不知道台灣書店怎麼會搞成這樣子。像現在市面上真的是：你要找一本書，才去年出的就已經找不到了。

黃：所以只是表面上，文學看起來一副很蓬勃的樣子。

郝：所以像他們現在說文學環境比較好了，因為新人出書很容易，其實

才不是如此。因爲他出了有什麼用，一下子就不見了，你可能在消耗他。一個新人，他可能辛辛苦苦寫了十年，他就寄望這本東西出去，結果出去一個禮拜、兩個禮拜就沒有了，人家也來不及認識他，他的書也一下就消失了。我覺得對新人來講，絕對沒有張大春他們那個時代那麼好。

小說是經驗的再創造

黃：您創作小說，也寫作散文，但到目前爲止感覺上您是以創作小說爲主，散文則只有《衣櫃裡的秘密旅行》一書，而且其中有幾篇似乎歸爲小說也無不可。我比較好奇的是，大家時常把著眼點放在所謂私小說的概念上，但其實事實上，散文反而往往是更直接對號入座反映作者思想情感與生活的文類，不知您會不會覺得創作散文時反而比較「無所遁形」於讀者之前？這個部分會不會成爲在文類選擇上的一種考量呢？

郝：對，其實我是很不喜歡散文這個文類的。我甚至會覺得，不管是我自己的創作也好，或者是整個台灣的散文界，我覺得可讀的沒有幾本。其實你去問一個散文家他平常讀不讀散文，他可能也會說不。散文這個東西對我們的刺激是比較少的，我一直覺得散文這個文類就是：你有一個感想，你就把它寫出來。所以其實我的散文集裡面，很多真的是邀稿的，我對那本書也沒有太大的感情，就只是很多報章的邀稿之作。至於小說，雖然有人會說那本小說看起來很像散文，可是我覺得對我來講差別其實是很大的。對我而言，小說它經過一個轉換的過程，它不是一個很直接的經驗投射。在創作小說的時候，我認爲我還是在虛構的；不像散文，散文就是很直接投射出去，可是小說經過了虛構的轉換。我覺得那是文學一個很必要的過程：就是整件事情，我希望用一種新的方式來看待它，而不是把這個事實直接搬到我的作品中，直接轉換成文字。小說經過一種轉換和注釋的過程，因此它必須具備一些元素，像結構、象徵、語言的問題都要考慮。散文通常都是直接的鋪陳，雖然有個結構，可是散文的結構都很簡單，反正它就是平鋪直敘；可是要是在寫小說的話，你就會注意到一些比如說敘事觀點的問題，你的結構絕對不會用平鋪直述的寫法，你一定會用穿插的、交錯的、對位的等等，或者是你自己去發明一種新的形式。像駱以軍的《第三個舞者》，寫他媽媽和太太，事實上他就用了穿插的筆法在裡面。所以我覺得小說會去處理這些問題，而這些問題會使得我要敘述的這個事情雖然是我私人的經驗，但它已經不是一個經驗

的流水帳而已，它是一個經過轉化的歷程。散文比較像是經驗的流水帳，比如說我今天去滑雪，我就寫一篇雪對我的感覺、意義，我就把它直說出來，可是小說對我來講就不是那麼簡單的一件事，它一定經過一層翻轉，是經驗的再創造，不等同於經驗的本身。

黃：以《逆旅》這本書來說，感覺您以一種比較疏離的方式來寫《逆旅》，它雖然是經過經驗的轉換，但讀者在閱讀的時候，還是很容易會根據一些「事實的線索」，會回頭用一種比較對號入座的方式來閱讀，最後似乎還是無可避免地會將書中的敘述者和作者本身畫上某種程度的等號，您對這樣的情況有何看法？

郝：其實我覺得我不 care，因為第一，讀者怎麼想是我們無法掌握的；第二，像我剛才說過，散文是一個直接的投射，而小說它是一個經過虛構的過程，所以我自己非常清楚這裡面經過了很多我的虛構、再造，或者應該說「再創造」。它是我的一個再創造，所以它絕對不等同於我經驗的本身。假定讀者覺得那就是我的經驗本身的話，其實我還是覺得蠻安全的，並不會有他們直接闖入我的生活的感覺，可是像散文的話我會。我有一篇散文是寫情人節，有人就會真的跟去那裡，然後要跟我討論那個男的怎麼樣，那個時候我會覺得很不舒服。所以我不會很 care 人們會藉由小說去偷窺你的生活，我想是因為作家已經在這邊建立了一個安全機制。就是不管別人怎麼想，反正自己是 safe 的。我想駱以軍可能也是這樣，因為他暴露的更多。其實像朱天心、朱天文的小說，像朱天文最近的《巫言》，也都直接用「我」，你也一定馬上就聯想到她本人的經歷，一定直接把它投射回去，可是我想她們都做過這樣一個轉換的機制，都會覺得是 OK 的。

黃：會不會覺得在文類的選擇上跟個性有關？像朱天心和朱天文姊妹來說，朱天文跟人群是比較疏離的，她除了早年有一些散文之外，近期她幾乎很少寫散文了，朱天心感覺上似乎有比較多她想要表達的情感，比較常用一些議論式的方法寫些散文創作，這是我比較主觀的一些猜想，就是不寫散文是不是因為比較不希望讀者介入自己私人的生活領域裡面。

郝：她們兩個確實差別是蠻大的，在文類的選擇上給人家的感覺也是如此。妳是說我們選擇小說或選擇散文跟個性有關？

黃：就是說比較不喜歡選擇散文，是不是比較希望和大家保持一個安全

的距離？

郝：對，其實是。我覺得寫散文的人可能有一種熱情，一種經驗的共享，就是今天我有一個經驗，我想要跟別人分享我的經驗，可是我覺得寫小說的人缺乏這種熱情。的確是，寫小說的人好像比較孤僻一點。我們常開玩笑說爲什麼當主編的都是詩人，詩人常有聚會、有詩社，一起行動，小說家絕對都是單打獨鬥，眞的都是獨居起來，很奇怪。我覺得小說家可能就是喜歡活在自己想像和虛構的世界裡面，對於實際的經驗分享比較缺乏興趣，可能是吧，我覺得我是。你今天叫我有一個意念就把它寫出來，然後跟大家宣告，我會覺得很累。我覺得對小說家而言，想像還是最重要的，這個東西在散文裡面就沒有那麼重要，散文眞的就是把它說出來就好了，可是對小說家來講，虛構、想像眞的是很重要的一點，所以就不太能跟現實太融洽。

隱身於人群之中的觀察者

黃：在上次的研討會（第六屆青年文學會議），您提過自己是一個對人和人群沒什麼興趣的人，但小說創作卻是建立在對人的觀察上，是一個以「人」爲素材的創作歷程，這其中會不會覺得有衝突？或者說，您是以抽離的態度來面對人群？

郝：對，其實我是用一個比較抽離的態度。事實上我對人應該是很有興趣的，只是我喜歡用一個第三者的、隱形的方式來觀察人。比如說我很喜歡去逛夜市，因爲我覺得逛夜市的時候你是安全的，因爲你是隱形的，那些人完全不認識你，你也不認識他們，可是你可以在那邊觀察人生百態。我覺得小說家一直是傾向於這樣的態度，他不是走入人群變成他們之中的一份子，他事實上是一個在外面的觀察者，所以我也喜歡旅行，因爲你到了一個異國，眞的像是隱形人一樣，你在那邊可以很放心大膽地去觀察，今天如果大家互相認識的話，你反而沒辦法消失掉，因爲你必須扮演你的角色，跟人家互動，這個時候我就會覺得很累。所以我喜歡當一個完全不存在的觀察者的角色，我很討厭 party，一群人的聚會，會讓我覺得非常辛苦，所以我沒辦法想像怎麼有人出國玩會想參加旅行團。

創作就是不斷的突破

黃：上次座談會中您提到這幾年對寫作的定位，產生了很大的轉變，這

個轉變是怎麼樣的一個過程？

郝：你是指從學術到創作？

黃：對，或是說對寫作本身的定位和態度吧？

郝：事實上我等於要扮演兩個角色，跟駱以軍他們比較不一樣。我們又要寫論文，其實我這幾年花很多時間在寫博士論文、升等論文。我發覺以前當研究生的時候，在我心目中這兩種東西是同等地位的，雖然我喜歡創作多一點，可是我也很期待論文寫作帶給我的，書寫的快樂跟成就感，所以這兩者在我心目中幾乎是同等地位的。可是我後來發現年紀越來越大，我越來越清楚地知道，其實——可是我不知道這個東西會不會再轉換，因為每個年紀好像會有不同的心態——到目前為止學術論文對我來講，它已經變得相當枯燥和乏味了。學術論文其實有一個法則規式在裡面，你一旦掌握了那個規矩之後，你就會開始覺得它無趣了，它就開始有點像寫駢四驪六，寫八股文，有一個章法在那裡，你會對那個東西感到厭倦，所以到目前為止，我對學術論文是感覺到相當厭倦的。我覺得在創作裡面，反而我可以不斷地翻新，去找到一個新的書寫的趣味。所以對我來講，其實學術論文好像已經是一個沒辦法進步的事情，我希望以後學問好一點的時候可以再進步，至少目前為止，學術論文會讓我覺得寫這些東西的時候好像被五花大綁一樣，我不知道你會不會這樣覺得。

黃：我自己在寫論文的時候，常常會覺得一直在摸索，要在別人要看的和我想寫的東西之間找到平衡點。

郝：對，寫學術論文的時候你會覺得有一個人要看，有一個審查者，而且審查者的規矩是非常清楚的，非常嚴厲的，可是創作就不用。創作雖然有讀者，可是那個讀者是開放的，他沒有一個規矩在那邊，他反而期待你去創造一個他從未看過的規矩，所以在這方面你是自由的，所以我覺得目前為止，創作可以帶給我的樂趣多多了，你會真的覺得你在創造一個東西。寫學術論文永遠是要寫出一個符合那個「工廠」要求的東西，其實這很不好，很多人也在檢討學術論文怎麼會寫到變成那樣，一定要注釋一堆什麼的，你看那些大思想家，他們不這樣寫文章，可是沒辦法，現在的學院規範是這樣，你永遠在符合別人的要求。所以我現在比較喜歡創作，我覺得創作就是不斷在突破和挑戰一個新的書寫方式，像之前寫《逆旅》，還有後來的《初戀安妮》。《初

戀安妮》就是很輕鬆的，一方面因爲它本來是 TVBS 的一個專欄，另一方面也是因爲覺得以前的東西太ㄍㄧㄥ了，繃太緊了。以前年輕的創作者，因爲都在文學獎的壓力底下，所以要寫出一個符合文學獎的東西時，你會盡量把它寫到最飽滿，可是我覺得以前太緊了，像我後來讀一些日本或西方的東西，我會覺得他們寫起小說來其實是相當放鬆的，所以《初戀安妮》有點想做這種比較放鬆的方式。現在我在寫一個長篇，就眞的希望去挑戰一個所謂長篇的完整敘事的東西。每個階段想做的東西都不太一樣，所以就會覺得比較有趣一點。

黃：這個新的長篇是關於什麼樣的主題？

郝：關於旅行方面，我覺得這是現在比較引起我興趣的。像以前《逆旅》那部份，是我對自己家族的興趣，可是這長篇可能是因爲一些旅行的經驗吧，我覺得旅行最大的一個好處是，你回過頭來看台灣這塊土地的時候，你會把它放在世界的一個版圖裡面去看它，你會去找尋這個世界的一個命運的共同點，所以這是我長篇小說處理的一個主題，就是所謂島嶼，太平洋島嶼的命運。在二十世紀，它可能是不斷被西方所殖民，不管是軍事上或文化上的殖民，它原來母語的消失，這些都是世界普遍性的一個問題，然後它面臨現代化的腳步，這部長篇小說處理的是這些問題。我第一次眞正去旅行是去峇里島，這是我去峇里島時很大的感觸。

戲曲・宗教與祭祀

黃：您的學術專長是戲曲，有沒有想過結合研究領域的專長來創作小說？像最近施叔青的《行過洛津》就寫了一個戲班，會不會想以這方面的題材作爲小說主題，還是說因爲已經花很多時間在寫論文了，所以創作時反而會希望和它劃清界線？

郝：其實我當初會選戲曲作爲研究主題，一方面也是因緣湊巧，因爲那時碩一的時候修了戲曲的課，曾老師人又很好；另一方面我眞的蠻喜歡玩的，我覺得戲曲很好玩。其實我那時候對戲曲最感興趣的不是舞台上的演出，我不是那種會熱愛國劇的人，中文系眞的有一批那種人，我的一些師兄妹們，他們眞的會對那種東西有熱情，去成爲票友什麼的，可是我覺得我好像始終不是那樣的人。我對田野調查比較有興趣，我後來做了一些田調，就是跟曾老師，還有跟邱坤良，我做了邱坤良一年的研究助理，我很喜歡跑到那種布

袋戲的舞台上面，然後看藝人做前置工作。像我以前去做宜蘭傀儡戲的調查，因為傀儡戲都跟宗教儀式、跟道士是結合在一起的，我就在那邊跟道士從早上混到晚上，在戲台上無所事事，到處亂晃，跟他們一起吃飯，我很喜歡做那種事情。然後看那些男女民眾來祭拜、燒紙錢，我覺得很有趣。因為我做過很多田調，我也想過為什麼不把這個寫成小說，像張瀛太也有用道士來寫成小說。其實我認識的道士還不少，我為什麼從來沒有這樣做過，而且在我的作品裡面反而都看不出這個，我覺得可能我還沒有能力去處理它。

黃：還是說這個部分其實不是自己那麼關切，想要表達的部分？

郝：有時候你想寫什麼東西，不是你可以確定的，是它來找你的。所以我會覺得這個東西一直都還沒有來找我，其實我是還蠻有興趣的。像以前中元普渡我還會特地跑去大甲那邊看，我還特別去東港那個王船祭，因為王船是凌晨才燒，我就從半夜十二點一直站在海邊，一直站到六點。其實我蠻喜歡那種祭典的，可是我還想不出來要怎麼去處理它。我在想有可能是因為對這些東西我始終處在一個旁觀者的角度，我還沒有真正地進去，可是你要寫它的時候，你要真的進入它的生活，你要真的有感悟，我可能還沒有到那個階段。其實這樣想起來，因為我的論文寫的就是祭祀儀式的戲曲，我對宗教儀式是比較有興趣的，那裡面有一種神秘的東西，會讓我覺得蠻著迷的。我以前還會去跟道士搭訕，有一次在大甲，有五個道士在舉行祭祀儀式，因為那個道士在唱的東西我完全聽不懂，我覺得好美哦，結束的時候我就跑去跟他要電話，把他嚇一大跳。其實施叔青年輕的時候，她的碩士論文也是做戲曲的，所以我在想如果我活到六十歲，我可能也會寫一個，因為她之前的東西你也看不出來，我是在做台灣戲曲研究的時候才發現施叔青是研究戲曲的，而且她是文化大學戲劇研究所的碩士，她那時做的就是台灣戲曲的研究，在小說之前是看不出來的。

敘事的節奏與形式的實驗

黃：小說、散文之外，您也創作過劇本《松鼠自殺事件》，並得到優良電影劇本，可否談談這部作品以及當初從事劇本創作的因緣？

郝：其實我一直很喜歡電影，我可能對電影喜好的程度還超過小說，我覺得電影其實對小說創作影響很大，不過最近幾年比較少看到好的電影了，所以這種熱情有稍減的趨勢。其實電影工業也在走下坡，越來越難看到好的

作品出來。電影對我的小說創作有蠻大的影響，因爲電影它有影像，會激勵一個小說家去注意畫面的經營，而且電影是很講究節奏的，它的敘事必須要有一個節奏感，電影的那種音樂感對我來講影響也很大。所以我喜歡一些音樂感很強的電影，像北野武的電影，它的劇情其實都很恐怖，就是不斷地殺人，血流成河，可是他的電影最吸引我的就是那種音樂感，它的節奏感是非常強烈的。電影對我來講是很重要的靈感來源，我覺得寫一個好的小說也是這樣，它要有一種節奏感在裡面。

黃：《逆旅》感覺上就有這樣的節奏感在裡面。

郝：對，我蠻注意的。事實上像王文興的小說，它的語言的節奏感就很強烈，所以我一直蠻注重這種東西。甚至我在剛開始提筆寫小說的時候，我就要先想一想我這本小說的節奏是怎麼樣，我要讓它是一個比較舒緩的、比較輕的節奏，還是一個比較強烈的，比較濃稠的節奏，我經常會這樣想。比如說我看張貴興的小說，很像重金屬音樂，就是很濃、很密、很黏稠，好像每一句都是重音；駱以軍的小說就比較是一種悠長的旋律，所以我覺得每個人都在找尋屬於他的節奏和聲音。所以我很迷電影，假定問我說這輩子最想變成什麼，我會說我最想變成導演，因爲我眞的很喜歡電影，可是當導演眞的是很難的一件事，絕對不可能的，要很多錢，而且還要統籌，當導演最恐怖的就是他要統籌很多人，我絕對做不到。那年寫這個劇本是寫完升等論文的暑假，非常的開心，很放鬆，就想說我要來寫一個劇本，等於自己用一種最廉價的方式來拍電影，自己在紙上拍一個電影，所以就寫了這個劇本，事實上我現在的長篇小說就是根據這個劇本做爲它的架構，把它改寫成小說。這個劇本寫的其實就是旅行，不過那時在寫的時候意念還比較模糊，不是那麼清楚。電影其實有一個好處，電影可以提醒小說家故事的重要性，我覺得現在的人寫小說越來越不講故事了，或是有頭無尾，可是做爲一個電影就不能這樣，再怎麼藝術的電影，它還是一定要有人、要有人物的行動、要有事件的發生，我覺得這是一個好小說必備的東西，我還是不喜歡那種完全拋棄了故事的小說。所以那時就構設了一個情節，就是關於旅行的一個情節。

黃：我覺得現在有些小說它變成不是那麼重故事，而是講究小說的形式，可是我會覺得追求形式到後來，有時好像會變成走向一條很極端的路。

郝：我覺得這樣的追求形式是錯誤的方向，其實開始把故事拋開的是法國的新小說，可是法國的新小說就很清楚地告訴我們：事實上我並不是說不

要故事，而是我希望透過形式的一種轉換，讓這個故事的內容更豐富。本來你用寫實的方式，可能是講了故事的一種意義，可是今天我希望透過一種形式的開發、形式的試驗，一種新的形式，我可以把這個故事講成有無限層意義，讓它的意義無限，我覺得這才是最高明的。可是現在的方向就只是玩弄形式而已，本來形式的開發應該是讓意義更多、更豐富，可是現在是形式的開發，但意義是零，這其實是錯用了形式。形式絕對不是表面上一個技巧的炫燿而已，它其實還是必須回到「那你究竟想告訴我們什麼？」可是我覺得現在的小說，好像一直比較少告訴我們這點，他們比較少開發出那種意義的、無限的想像空間。

黃：我覺得當文字走上那樣一種極端之後，到底有多少人能夠接受並且理解你真正想要說的東西，我會蠻懷疑的。文字本來不是一種溝通的符號嗎，到最後他能跟多少人產生一種溝通的共鳴，我會蠻質疑的。

郝：其實任何對形式的實驗，一定是在於一種意義的新的開發上面，像喬哀思的《尤利西斯》，它的長篇累牘整章不斷句的形式，在當時這樣的東西出來大家會 shock 到，因為這個東西是陌生的，讓我們感覺到這裡面有一種新的意義在誕生。當他嘗試把標點符號拿掉之後，讓句子跟句子之間的意義，有一種新的連結關係出現，或者有一種曖昧的流動性，因為你把它斷開了，每個句子的意義就獨立開來了，可是你把標點符號拿掉的時候，這個句子間的意義就連結在一起，連結在一起之後它反而變成一種曖昧的流動，它好像會讀出一些多層的意義。當我們第一次看到這樣的東西的時候，我們會覺得 shock，會去思考它的意義，可是當這種東西已經一做再做，到現在已經二十一世紀了還在做這個，我會覺得這個形式已經是一個舊的形式了，意義上來說也已經陳腐了，我就不會覺得這個形式有其必要性可言。

黃：所以小說還是要建立在一個意義的開發上。

郝：對，它一定要有一個意義的開發。我覺得任何形式的翻轉我都是可以容許的，可是問題是它到底有沒有讓我們感受到一種新的意義？任何形式還是要跟它的內容要相互地呼應，這個時候意義才有誕生的可能。假定沒有的時候，那我覺得就是一個噱頭，只是表面上很酷的噱頭。你今天要是操作形式，要是誠懇的話，你就不會只是玩，而是希望透過這個形式，去說出更多的東西出來，這是我的想法。

隨風而逝的故事

黃：《洗》是您的第一本小說集，這本小說在題材和風格上頗為多樣，從情欲到科幻都有，但一般似乎提到您的小說時，大家首先想到的往往是情欲書寫，王德威也評論認為您在這方面的創作最得心應手，文壇常習慣把作家區分為某某類的作家，對這樣的定位或歸類，您有什麼看法？

郝：我覺得創作者的一個好處就是他不必像學者，尤其是年輕學者，要受到審查，所以比較 care 人家的眼光，創作者可以不管的。反正我今天寫我的東西，就算賣不好也無所謂，就真的賣得很差，好像也無所謂，我覺得這是台灣社會對年輕創作者的一個很大的恩典，就是不會有什麼惡意的批評，不會對你太嚴苛，給你貼一個標籤也無所謂，他也不會太要求你，然後賣得不好也不會太苛責你。可是年輕的助理教授就比較可憐一點，因為要審查什麼的，所以年輕的學者比較可憐。到目前為止我覺得還蠻自由的，我不太介意人家會怎麼說。情慾書寫我自己比較不太這樣子覺得，我想可能是因為那個封面吧，《洗》的封面看起來很情慾，可是我不覺得我在這方面寫起來有特別得心應手，我覺得我在處理人和人之間那個暴烈的情感比較得心應手。其實我也不知道，我還在摸索，但我不會認為那是我的一個重點，或者是我在這方面真的做出比較特別的成就，我覺得其實還蠻 OK 的。另外一方面可能是我寫的論文吧，就是寫八○年代女作家的《情慾世紀末》。可是八○年代的女作家，她們確實是朝那個方面在書寫，像平路、朱天文、李昂、都很明顯，蘇偉貞的《沉默之島》也是。所以我覺得外面有些，也不能說是誤解，但可能他們籠統的印象就是這樣，而且他們就是喜歡把這個東西跟女作家連在一起，所以也沒什麼關係。可是我並不會覺得情慾書寫是我的一個方向，其實我關注的主題，我覺得有趣的東西，真的不在情慾的東西，像《逆旅》的話，我覺得比較有趣的就是我爸爸的身世的問題，就是這個人背後的巨大的身世，跟他的過往。我現在感覺到興趣的，其實也算是身世的問題，我一直覺得這個東西蠻迷人，因為它就像一個故事。我很喜歡故事，就像一個島也有它的故事，像峇里島就是一個很有趣的地方，我們現在每個人都去那邊消費，可是它過去的故事在哪裡呢？我覺得這種隨風而逝的故事是我真正覺得有趣的地方，一個島嶼它背後其實也是有龐大的身世，可是它如今好像完全被高樓大廈所淹沒了，我有興趣的是這種東西，可能別人不會感受到，但我覺得這也是讓一個人變得有趣的地方，或一個地方變得有趣的原因。

黃：就是它存在的故事。

郝：對，就是它不是表面上所看到的這樣而已，背後還隱藏很多東西。

轉身就錯過的那一秒

黃：《逆旅》一書比較偏重的主要是您父親的身世，這是出於寫作上的考量，還是母系身世比較沒有造成您認同上的困擾或問題？

郝：我覺得因為我是外省第二代。駱以軍他媽媽也是本省人嗎？

黃：對，他媽媽是本省人。

郝：對，我在想我跟駱以軍，就是我們這一輩的人，應該有一個共同點，這是完全違反現在本土派的潮流的，可是我必須非常誠實地承認，我從小到大就認為我是山東人。你可以說這是國民黨愚民政策的結果，可是從小到大，別人問我是哪裡人，我就一定說是山東，從小我就是這樣長大的，你不能抹煞這個事實，即使它是一個政策教育下的結果。所以很自然的，我確實覺得山東就是我的故鄉，精神上的故鄉，我從小就對它有一種想像。反過來，我對台灣沒有想像，我對我媽媽那邊的故鄉是沒有想像的。我覺得這也是很荒謬，很悲哀的一點，可是它也是確切存在的事實。我會希望本土派的人去理解到這一點，這是一個存在的事實，我們沒有必要去苛責什麼人，甚至我們應該要用一種比較憐憫跟同情的態度，來看我們這土地曾經誕生過什麼想像，又失去了什麼。我覺得應該用這種比較寬容的態度，而不是去批判說：「你看吧，你就是外省人。」可是我是支持台獨的，我覺得這種東西是不衝突的，我覺得這完全無妨到我認為台灣是一個獨立的個體。所以我在書寫我的童年跟我的認同的時候，我當然就是寫山東、寫大陸，因為我們從小就是這樣子被教大的，我覺得我必須把這個東西，很誠實的紀錄出來。而台灣本來對我們來講就是一片空白的，我們在小學的地理歷史，在從小到大的教育裡，它本來就不存在。我在大學以前，我對這個東西，可能就跟朱天心、朱天文她們一樣，事實上是沒有什麼懷疑的，甚至這個故鄉它勾起了我的一些想像，去想像我的生命其實有另外一種可能：我可能在山東長大，我可能變成另外一個人。為什麼我現在活著？原來我的命運有另外一種可能存在，我會很好奇「另一個我」會變成什麼樣子。所以就會對那種轉身就錯過的那一秒，充滿了無限的好奇，像駱以軍的《月球姓氏》裡面也寫很多。可是這種情感是不應該被譴責的，現在台灣本土派就是在譴責這種東西，可是這是不需要被

譴責的，它應該被和平地看待。台灣這塊土地上就是有身世本來就很複雜的、背景本來就很複雜的存在，可是這是一個好的事情，我們並沒有否定掉台灣這塊土地。可是我在寫的時候，我也希望透露出這種想像是有一點荒謬的、有一點悲哀的，但它也存在在我生命中，它也確實像一個空中樓閣，像一場集體的夢。我不會去否定它，因爲那個時候的情感仍然是眞誠的，也無礙於我現在的情感是眞誠的。可是上了大學之後我才發現原來事情不是這個樣子，其實我進台大之後確實就改變了我的政治主張，我是支持民進黨的，現在不了，不過我大學以後就是支持台獨的，可是我不會因爲這個東西就覺得我以前是錯的，它可能是錯的，可是那個東西對我來講，其實只是一個荒謬的夢而已。裡面的那些情感，包括我爸爸對他故鄉的情感，那些東西我都覺得是眞誠的，完全不是做假的，我希望呈現出這些東西，所以我也希望本土派的人在看待台灣外省的時候，也可以用這樣的態度。他們對大陸的懷念、對故鄉的渴望，並不是一個虛假的東西，它是一個追隨著極權政治的，一種眞誠的情感。

黃：像〈餓〉就很眞誠地呈現出那個時代的一種感受。

郝：像我爸爸在跟我講當初他逃難的經過的時候，他當然不會巨細靡遺的講，可是你會發現他每次講來講去都會強調很餓，焦點就非常著重在食物上，很有趣，對一個正在發育中的少年來講，那眞的就是一個確實的感受。所以我覺得如果我們能比較平和地去看待這些東西的話，我相信台灣的族群會比較好一點。我記得我有一次碰到一個台灣本土派的，他就說：「你的《逆旅》在寫什麼。」他講白色恐怖，我就說：「我爸爸是山東人，也有白色恐怖。」他馬上就講說：「他們外省人欺壓別人，還每次都講自己被白色恐怖。」我覺得如果大家的偏見能消除一點的話，可能會比較好。有一次我也很生氣，我碰到一個也算是台灣本土派的，他就說：「我看這些外省人最好是全部回大陸去，這麼想念故鄉，很可笑，爲什麼不回去。」我就很生氣，跟他大吵一架。因爲我覺得想念故鄉是眞的，可是你回不去也是眞的，像我爸爸回去之後，那已經不是他的故鄉了，他根本住不下去，只好跑回來台灣。事實上這更可憐，因爲你已經雙重地失落了，你不覺得台灣是你的故鄉，可是你回到那邊的時候，那邊也眞的不是你的地方了。可是他們都不太能諒解這樣的一種情境，所以我覺得比較少寫媽媽其實是這樣的一個因素，因爲媽媽那部份的認同，在我們的生命中並沒有造成這種落差，可是外省的這個認同是有落差。

所以像朱天心她們也是一樣，她為什麼寫眷村？她也不寫她媽媽，因為眷村對她而言也是有落差的東西，過去是那麼堅定的信仰，可是如今全部都煙消雲散了。可是媽媽這個部分就是這塊土地，我們就踏在這邊，她是沒有被懷疑過的、沒有動搖過的東西，反而缺乏了那種美感。

書寫家族，是為了心中的惆悵

黃：現在有蠻多所謂家族史或家族書寫的作品，可是這其實似乎也是一個尚未有明確定義的概念，你會覺得《逆旅》是一本家族史嗎？

郝：所謂家族其實只有我爸爸一個人，毫無家族可言。我們家其實是人單勢孤，就是我爸爸一個人來台灣而已，他還有一個妹妹在大陸，所以我們那邊的家族很可憐，很像風中的枯葉在那邊搖擺。我爸爸那邊就只有他一個人，所以我小時候每次做親屬調查，我都不知道舅舅是誰，哪邊才算舅舅我到現在還搞不太清楚。我寫《逆旅》比較早，那時台灣還沒有所謂家族史的討論，那時就很簡單，就是因為我爸爸告訴我說他要回大陸，他不回來了，所以那時就覺得，這樣的一個人，他終究還是回到他的故鄉去，因為有這樣的感覺，就想要寫這個東西，所以是一個很簡單的概念。可是我在想為什麼這幾年這麼多，而且你看其實都是外省的，像駱以軍、張大春，鍾文音的《在河左岸》是本省的，可是我覺得她比較特別。為什麼這幾年比較多外省的東西出來，包括平路好像也有寫一點點，我覺得這跟台灣最近的本土化是很有關係的，因為台灣本土化的潮流，它確實標誌著一個族群的從此走入歷史，就是所謂外省族群，當它要走入歷史的時候，我們就會發覺我們好像在為它做紀念碑。因為這個東西如果再不寫，不是說要為歷史負責，而是說你自己心中的那種惆悵吧，你眼睜睜地就看著它走入歷史，然後從此煙消雲散的惆悵。像我爸爸他們那一輩的人，我爸爸他年紀很大了，八十幾歲了，然後像朱天心的爸爸已經走了，張大春的爸爸和駱以軍的爸爸中風，我們看著這一輩的人好像從此就要消失在台灣這塊土地上，然後台灣本土化的論述也把這批人遺忘了，早就把他們除名在外了的時候，內心的一種惆悵。還有就是過去我們所成長的那個歲月裡面，我們的認同，現在想起來都很可笑，現在跟學生講說我們小時候寫保密防諜的作文，說什麼要反攻大陸，他們都已經不能理解了。小時候做省籍調查，那段時間現在想想都好像夢一樣，你現在跟人家說你小時候是這樣，像我的學生他們都會哈哈大笑，那個時代就這樣不

見了，真的就會有一種無限的鄉愁，那個鄉愁是對時間的鄉愁，對那個時代的鄉愁。並不是說什麼懷念蔣介石，而是說對台灣的歷史、台灣的命運，還有現實竟然是如此的虛幻，就好像夢一場這樣的東西，就想把它寫出來，想捕捉這個現實的虛幻。過往的那個東西它是虛幻的，那麼今日的本土論述，它在十年後，也有可能變成夢一場，真的就是這樣。包括像我現在回想那時候陳水扁當上台北市長的時候，他當選台北市長的那個晚上，我還到他競選總部去，那時真的有上萬的民眾，就舉著旗子到那邊去狂歡，那個狂歡的場面到現在想起來都好像夢一場，如果是現在絕對不會去狂歡的。台灣這幾年來轉換太快，包括政治上、歷史上、論述上，不斷在推翻，所以一層一層就好像雪花一樣，我覺得大家覺得惆悵吧，所以開始想要去捕捉這些東西，這是這幾年來這麼風起雲湧的一個原因。

　　黃：我覺得出版界也會捕捉到這種訊息，然後把它變成一種潮流的感覺，市場感覺也會去順應這樣一個風氣。

　　郝：因為這個東西確實是消失了。在這之前好像是台灣本土論述比較強，「搶救台灣」那種本土的意識，包括二二八等等，可是現在我們覺得有一群人是被遺忘掉的，就是外省族群，想起來蠻傷感的。像講到外省的觀念，我去蘭陽女中演講，說我是山東人，結果結束的時候學生跑來問我說：「老師妳是大陸妹哦。」我說：「你們不這樣講嗎？妳們難道沒有人的爸爸是從大陸來的嗎？」她們說有啊，可是她們不知道他是從那一省來的。我不知道已經差那麼多了，你不知道你爸爸是哪一省來的，這在我們這個年代是不可思議的，所以我很訝異現在這一輩竟然不知道。

兩個「初戀安妮」

　　黃：另外，關於《初戀安妮》，在《洗》當中也有一篇同名小說，這其中是有一個相承的寫作上的構想承接下來嗎？

　　郝：其實沒有，是喜歡這個名字，覺得好念。安妮這個名字也是覺得好念，聲音好聽。可能有一點點的構想，因為其實本來這個東西是在 TVBS 週刊連載，那個專欄是每個禮拜兩千字，它本來是希望用小說的形式，可是小說用連載的話是不太可行，而且每個禮拜兩千字我覺得也是蠻恐怖的，所以後來就變成短短的故事，那時就設定是一個女孩子成長的故事。所以它變成是有點零碎的，因為本來就是短短拼湊起來的，後來要成書的時候整個又把

它改寫了。那個時候其實也有一點覺得自己到了中年，好像要跟自己的過去告別，跟我們那個年代告別。可是這方面我覺得做得不好，以後可能會做得好一點。它有點像是想要紀錄我們那一代的成長，包括我們小學的生活、中學、一直到大學。像南非作家柯慈，他最近的一本《少年時》，其實就是回顧自己從一個少年到青年的過程，他如何接觸到文學、接觸到詩、如何經歷愛情、性的苦悶挫折、如何經歷和家人的關係、社會的關係，去發生互動的這樣一個過程。那時其實有點想做這個東西，可是我覺得時間太趕了，而且本來這種改寫就有點討厭，因為它本來在週刊上發表的，所以有些東西就像雞肋，食之無味棄之可惜。

黃：作家是不是都不太喜歡回頭看自己以前的東西？

郝：對，所以後來要把它重新整理出書的時候就覺得很痛苦，改寫是最痛苦的。所以後來的經驗就是，千萬不要寫專欄，很多人的經驗都是這樣，因為寫專欄的時候經常都太趕，為了趕著交稿就會整個都走樣。

黃：那到目前為止自己最滿意或喜歡的作品是那一部？

郝：應該還是《逆旅》吧，如果我現在這個長篇出來的話應該就是這個長篇。我希望暑假可以寫完，我現在已經寫了十萬字了，其實之前寫了幾萬字，後來都作廢，而且一直沒有完整的時間，因為像開學時間就會被切割。

黃：從事學術工作的同時能夠創作，真的很不容易，期待您的新作，也謝謝您今天接受我的訪問。

附錄二　駱以軍訪談紀錄

【作家小傳】

　　駱以軍，1967 年生。中國文化大學中文系文藝創作組畢業，國立藝術學院戲劇研究所劇本創作組碩士，目前專事寫作。碩士論文為劇本《傾斜》（1994年）。1989 年以〈蟑螂〉獲全國學生文學獎佳作、1990 年以〈底片〉獲得聯合文學小說新人獎推薦獎、1991 年〈手槍王〉獲時報文學獎甄選獎、2000 年之〈五個與時差有關的故事〉獲台北文學獎（按：後來完成之作品即為《遣悲懷》），2002 年獲中國文藝協會文藝獎章小說創作獎。駱以軍之創作風格向以荒誕詭麗、虛實難辨著稱，其長篇小說多半以複格形式組成，既可獨立抽離出來閱讀，合而觀之又成為繁複華麗的長篇敘事。小說中的人物、時空、場景往往交錯跳躍，而在看似荒謬甚至淫猥的故事中，多半寄託著時間、死亡、命運等議題之思索與哀傷。曾自費出版詩集《棄的故事》，後來則以小說創作為主，著有長篇小說：《我未來次子關於我的回憶》、《我們》、《遠方》、《遣悲懷》、《月球姓氏》、《第三個舞者》、《妻夢狗》；短篇小說集：《我們自夜闇的酒館離開》、《紅字團》。

【關於《月球姓氏》】

　　《月球姓氏》出版於 2000 年。駱以軍曾自述此書之創作源起，乃是企圖以「我」的有限三十歲時間體會，召喚、復返、穿梭我的家族血裔，形成身世的那個命定時刻。而父親半世紀前（1949 年）的逃亡，似乎正是這個所謂

「命定時刻」的答案,因此小說便環繞著父親的逃亡敘事開展。其中「我」的母系身世、妻族系譜,又與父系身世形成強烈對比。小說除了上溯家族的傳奇過往之外,由「我」與父、母、兄、姊等家庭成員之種種荒謬突梯之遭遇,則有如一幕幕家庭劇場之展演。而在這些怪異荒誕的故事背後,其實還寄託著駱以軍對記憶、歷史、政治、族群、語言等種種問題之思索,亦蘊含著其創作的重要核心之一,就是:與時間的角力。

【訪談紀錄】

　　時間:2005 年 1 月 17 日
　　地點:台北逸仙路咖啡館
　　訪問者:黃宗潔

回首創作之路（以下標題均為筆者所加）

　　黃宗潔(以下簡稱黃):台灣目前的專職作家其實並不多,大部分都身兼其他工作或學者的身分,您是少數的其中之一,能否先談一談是從什麼時候開始寫作,並且決定要以它為終身職的?是一畢業就開始寫作嗎?還是之前有過其他的工作經驗?

　　駱以軍(以下簡稱駱):我的文學啓蒙大概是在重考的時候,那時候看到《梵谷傳》覺得很激動,不過那時還沒有想得很清楚將來要做什麼。還有在升大學之前,那時還沒解嚴,在我爸床頭櫃有一些當時的禁書——像魯迅、老舍、巴金,還有一些外省的、描述中國的書,大概有一個模糊的過程。在讀文化森林系的時候,有一段時間讀很多,像是志文的翻譯小說,還有一套光復書局的世界小說家讀本,包括福克納、海明威、卡夫卡……等。我有一段時期就翹課,在自己的宿舍裡讀,不過當時也不是爲了學小說技巧。到我大二轉到中文系文藝組,去旁聽張大春的課,我覺得才開始由他來告訴我寫作的小說技術。妳問我當一個專業作家是不容易的事,其實當時我並沒有感受到,因爲我父母也蠻縱容我的,我以前混過,所以他們覺得撿回一個孩子,後來又得了文學獎,我爸是老派文人,就蠻高興的,所以就蠻支持我。我感受到不容易是後來結婚之後,有三年去一個出版社當編輯,幫他們寫封底文案,那時候才感受到眞窮,日子眞難過,可是那時我也沒有很認眞在寫。到1998 年,我搬離陽明山,搬到深坑以後我太太生第一個小孩,我出版社的工

作也辭掉了，沒有收入，那時還蠻關鍵就是朱天心她們幫我介紹到謝材俊的
一個公司去，一個禮拜去一天，就有車馬費。他們當時很鼓勵我，加上我本
來就很崇拜他們，反而那個時候就覺得定下來。所以1998年底寫了《第三個
舞者》，到 1999 年底出，也得了獎。那時狀況還好是因為只有一個小孩，所
以還偷時間寫了《月球姓氏》，2000 年底出。2001 年王德威跟我要一本書，
就寫了《遣悲懷》。因為我那時有申請到國家文藝基金的補助，所以經濟上還
過得去。到2001 年我父親去大陸中風，家裡就發生一些變化。所以我覺得那
三年算是我寫作的一個高峰，有完整的時間可以寫作，那時也不太有應酬稿，
像我現在寫專欄，收入不錯，家裡過得去，可是時間是被打斷的。剛好那三
本都有一個完整的時間可以寫，基本上也沒什麼外務、劇本。第二個小孩
出生以後，這兩三年的狀況變得幾乎都是：開車出來、送小孩去幼稚園、然
後找咖啡屋寫稿。我覺得時間比較破碎，環境也比較不好，跟在家裡閉關不
太一樣，可是也比較不會走火入魔。我在寫《遣悲懷》的時候，是很密集地
寫。那時候我太太懷孕了，常常是把她送娘家，我自己在那邊寫，寫到真的
是著魔了，就是寫到好像會內力失控。可是我覺得那對寫作來說是最好的，
就是整個燒乾了。像我現在在咖啡屋寫作，我覺得就沒什麼內傷，就只是寫
一個新的文章出來。

　　黃：除了經濟壓力以外，會不會覺得以台灣現在的文學環境來說，當一
個專業的作家會有其他的壓力呢？

　　駱：我覺得還好。我跟我的同輩在一起，大家都會哀嘆說混得很辛苦，
台灣的文學環境不好，可是我覺得有一些意義可能不是制度上的，是象徵性
的價值虛不虛無。其實前輩作家的典範很重要，比如說舞鶴、比如說天文、
天心。雖然後來天文、天心有點投入政治運動，可是他們對寫作這件事情的
態度是很不虛無的，是把寫作當作一個非常嚴肅的事，而且這件事本來就是
那麼嚴肅，它的價值不是拿來換算說，我要變得有錢或什麼的。

　　黃：我覺得現在有時的情況是變得有點一窩蜂，就是看什麼東西紅就做
什麼，變得不是那麼實在。

　　駱：對，我也認識現在六年級網路上的一些年輕作家，他們也都不簡單，
也是文學獎出來的，有時他們在對談的時候，講到沒有空間給他們，五年級
就是這樣整批垮掉的，就是沒有一個表演的舞台，所以他們變成把心力花在
怎麼樣去搶那個表演的舞台。可是那怎麼會變成他們對寫作這個事情的核心

的想像？也許到了一個年紀經過閱讀會突破或反省，可是我覺得寫作，舞台的表演只是很小的一環，書寫本身才是最重要的。我覺得我比較幸運的是，本來快要放棄了，覺得很悶，也沒有什麼出版，剛好就遇到天心她們。她們還是有那種老一輩文人的俠義，會跑來很熱心地鼓勵你，她們那種文學世家的風範，對我來講就有一種啓蒙的作用，那部份我比較幸運。當然還是會喪志，我中間停掉幾年寫不出東西，而且受到一些打擊，就不想寫了。妳講到台灣的文學環境不好，其實我也可以講出一個道理，可是我覺得這個東西不要是創作者來講，因爲大家一直在談這個，我發覺一些很好的創作者他們的身分就開始轉變了。像現在出版社的老闆或老編輯，他們哪一個不是當初第一流的創作者？可是我覺得他們就是在結構上出問題時，他們投入想要去改變，可是又有要妥協的部分，到最後他們就沒有創作出來，所以我覺得那東西我不要去理他，不要去在意。

多桑的客廳

　　黃：一般提到您的家族書寫作品，大部分都是以討論《月球姓氏》爲主。現在討論家族書寫好像很熱門，可是其實當初《月球姓氏》和《逆旅》出書的時候，在這方面不論是創作或討論都是較少的，您寫過一篇關於《月球姓氏》的寫作源起，不過我是猜想這樣的寫作概念，或者說對身世問題的關懷，我是覺得至少在《妻夢狗》裡面就已經表現出來了。能否談談當時有什麼觸發您選擇這個題材來寫作的原因嗎？或者說這其實就是一個您持續關切，想要處理的問題？

　　駱：我覺得即使是現在，我有時也會被推到火線上去談所謂外省第二代的認同，但對於所謂的認同這些問題，我還是不喜歡在概念上，或者說在政治正確的概念上去談。我希望我談的方式是從一個家族空間的角度來談，比方說「多桑的客廳」。是私領域裡面，包括社交、包括不同的教養、包括家族關係裡面成員權力位置的互動、甚至包括性、由性產生的家族關係，所以後來才發展到家族遊戲。所以妳講《妻夢狗》是對的。我講過我的小說啓蒙剛開始是那種很孤僻、很「地下室手記」的，基本上我覺得其實我跟正常社會化的人際關係的建立是一直有障礙的。我高中的時候是混流氓，所以我回到班上去的時候是被群體排除的。當我跟過去切斷的時候，我還是一直翹課，可是我是在宿舍讀書，我進入到一個文字的世界。所以我早期的作品有很多

部分是缺乏人情世故的，是那種很典型的少年法西斯，我裡面人物的暴力化或變態、或是性的衝動或壓抑，你可以看得出來都是從杜思妥也夫斯基、芥川龍之介、或是張愛玲等等的小說中，去揣摩人物的戲劇張力。有一個改變大概就是我念研究所時，有幾年停掉沒寫，就是在談戀愛，談那個戀愛其實蠻辛苦，有點混亂，有點像是我介入，是一個很痛苦的過程，所以《妻夢狗》有一塊其實是這個部分。

可是另一個部分是後來定下來在一起之後，發現對我來講的一個巨大衝擊。我本來家庭的關係是那種很孤寡的外省家庭，我爸爸是自己來台灣的，所以會來我們家客廳的都是他的哥兒們，不然就是他的學生，我們沒有父系這邊的其他任何家屬會來我們家。我母親因為是養女，我們小時候會去外婆家，可是外婆是她的養母，所以之間不親，雖然兩家走很近，可是就覺得孤孤寡寡的。所以突然之間我進入到我太太那個澎湖家族，就像我小說裡寫的，真的對我來講是驚嚇。尤其我岳父他們是本省意識很強的，他們在家裡是講澎湖腔的台語。我本來就很閉索，所以突然之間就變成失語的人，整天很沉默，不講話。我覺得有一些人際關係間輕微的暴力，我是到很後來才意識到，原來真的是因為族群。原來我岳父他們是不喜歡外省人的，我是到辦婚禮的時候才感受到我岳父為什麼對我爸爸有一些敵意，其實是在於外省的因素。當然這幾年已經變成台灣社會實體和政治的一個明顯的徵狀，可是那時我是從一個外省家庭出身，我沒有進入到一個中南部或是本省的社群裡面，也沒有感受到不會講台語，講這種北京的官語是會惹人討厭的。我太太他們親戚家族人很多，家族譜系的稱謂，還有人際網路是非常複雜的，大家全部都是講澎湖腔，只有我一個是單音。其實我以前在混的時候，我覺得我會比一般乖乖在學校讀書的小孩子，更早熟於語言的能力。很像那種流浪漢傳奇，就是這群人無意義的在打屁，在講黃色笑話，可是他們之間同時會形成一種感情的交換、權力位置的確定。常常是最聰明的那個，他懂得用語言來支配那種權力關係。還有跟陌生人接觸的時候，我們之間到底誰是強者誰是弱者，其實通常他們在講話的過程就會建立出一個關係。我也很嫻熟於小時候我爸帶我們去外省家庭的那種禮貌的話語，所以我碰到老先生老太太就自然會很恭敬，很有家教，我們小時候也是有那個教養，很有禮貌的。可是《妻夢狗》提到的那種巨大的挫折就是我完全不會那套語言，所以我連這種話語之間的，不論是博得對方的信任或喜歡，或是融入到他們這個家族裡面，或是說

炫耀我的聰明，要一些講笑話的能力，都完全沒有辦法。基本上就是像一個外勞，就像外籍新娘，她如果不學會當地的語言的話，她不可能融入當地。

像《妻夢狗》裡面寫到一對老夫妻，很疼我太太，那個太太是我媽的朋友，我們那時幾乎每個禮拜都從陽明山開車去北投看他們。他是大稻埕長大的，那種台灣意識非常強的人，他跟我講非常多台灣藝妲的事情，還有一些台灣舊仕紳的事情，講很多很好聽的故事，我覺得那有一種所謂「多桑父親的變形」。可是突然就有一次，我覺得是語言的誤差，他就突然對我拉下臉來，說「你們這些外省人」這類的。就突然把一些可能他們記憶裡的事情，變成一個族群的仇恨心理。所以我一直還是在私領域的地方紀錄這部分，我也不認爲除了這塊部分的紀錄，小說能在別的部分處理，我覺得其實很多那些論述爭辯都是徒然的。

父親的華麗敘事 vs.沉默的母系身世

黃：在《月球姓氏》中將父系身世與妻子那邊的龐大家族做爲蠻強烈的對比，再加上《遠方》的一個延續，感覺上還是以父系身世爲主的一種書寫，其實相對於父親不斷重述的身世故事，您對母系身世下了一個結論，是「失去時間感和口述能力的母系身世」，這其實也是一種鮮明的對比，只是相形之下，母親的這個部分彷彿沉默許多，不知能否談一談，在成長過程中，父母對他們自己的身世故事的述說，是否就是有不同的態度？比方說媽媽眞的就比較不談自己的身世？

駱：對，所以我覺得這裡也有一個封閉家庭裡面性別與權力之間的關係，而且我就是被這個狀況制約著，這個東西變成是一個認同的過程。我講眞話，像我從來不會因爲我母親是本省人，就認爲我是「大龍峒人」。之前我爸其實是跟我媽住在大龍峒，住我外婆家，但在我差不多三歲，我哥哥六歲的時候，我們就從大龍峒搬到永和，我等於是完全沒有記憶的，所以像我哥我姐他們本省話講得非常好，可是我完全不會。而我媽媽從小對我們描述她的身世，可以說是沒有祖先的。如同小說中寫的，她是養女，照我媽的描述我外婆對她是很虐待的，所以我媽那邊的故事，幾乎是一個苦女努力記。我外婆本來要把她賣到酒家，要把她牙齒打掉換成金牙去陪酒，本來小學畢業我外婆不讓她繼續念，她還去當校工，後來才努力念上去，而且都考第一名，她都這樣告訴我們。她本來是我爸的學生，描述的狀況就變成，因爲我爸覺得我媽

太可憐了，都考第一名可是身世這麼可憐，所以我爸才娶她。

可是我爸那部份，我爸的敘事是充滿熱情的、華麗的。我覺得他有三個線索：第一個線索就是像一般老兵的，1949 年那趟逃亡的過程。是一個苦兒努力記，就像很多外省老兵很愛講的一段，那是一個幾乎是可怕、充滿了神秘機緣的旅程，然後才能這樣一關一關通過每個關卡。我小說可能都有寫到，譬如說他們逃到一個城門口的時候，有一個趙伯伯用肥皂刻了一個關防，我爸書法比較好就寫了一個關條就過關了。然後上船的時候有一個熊叔叔，他有陰陽眼，看到船上都是小鬼，我爸他們就把船票賣了，後來那艘船聽說整艘都是將軍，就直接開到青島。其實是一個很奇怪的遷移故事，很像我們小時候看《封神榜》、《東周列國志》、《隋唐演義》，通常就是有一群人，這群人每個都有不同的特異功能，然後一起朝著一個目標前進。我爸的故事現在聽可能平平無奇，可是小時候聽就覺得跟我真實的生活差別非常大。你仔細想一想那故事的時間充其量是兩三個月的時間，就是 1949 年的某一段時期他們逃亡的過程，那時的台灣社會這種經驗太普遍了，幾乎你身邊碰到的每一個老外省都是這樣的，都有不同的離鄉背井，跟母親妻子別離的故事。可是這種經驗後來想起卻是很新鮮的，像馬華他們不可能追溯到第一代祖先遷移時刻的整個完整的劇場，而我爸的那段遷移過程是非常真實立體的。我後來覺得我應該去做整個的採錄，看外省老人他們是怎麼遷移的。我還聽過有一個例子，他本來是來台灣圓山動物園看猴子，他是 1948 年底來，沒想到後來大家都來了，就走不掉了。這是一個線索。

另外一個線索是我祖父祖母的故事，我爸描述我祖父是很像〈刺客列傳〉講的那種豪傑英雄。我祖父他們三兄弟本來是在安徽，因為一夜之間把家產輸光了，我祖父就帶著我祖母遷移到南京的江心洲，又是一個遷移的故事。我祖父個子很高大，大家都叫他駱大爺，他非常慷慨。因為錢都沒了，所以他就在那裡養豬殺豬，所以我爸小時候也殺豬。我爸十四歲的時候我祖父就過世了，所以我爸講我祖父的時候充滿了那種孤兒的孺慕之情。這些人物我全部沒有一個看過，都是從小聽他在講，可是我有時候遇到一些外省第二代，我發覺他們對父親的故事，沒有像我聽那麼多，他們爸爸也很囉唆，可是他們爸爸講不出一個頭緒，所以我發現可能不是我會講，是我爸很會講。他講很多我祖父的故事，像過年有人來賒豬肉，我祖父就說：「要幾斤？三斤？三斤哪夠！來五斤！」我覺得我爸在講這些故事的時候，一部分是孤兒的情感

投射，一部分是他可能想把一種品行，當作家教告訴我。可是也許時間久了，有些細節又會變動。

還有一個線索是：我們這個駱家，當初在安徽是怎麼回事。這也是一個線索。所以你看它其實是三位一體，家族的立體網路其實是非常完整。從父親、祖父、祖母，他們都是吃苦的，可是吃苦當中又有一種歡樂的、良善的，人的那種意志。我小說裡也有寫到，他們的祖屋大得不得了，我爸回去安徽老家，說二樓那個木頭，他們在上面打滾都沒有聲音，表示那個木頭很厚實，我爸小時候的鄰居就說：「小龍崽子，你看這個地，到天邊那邊以前都是你們駱家的，都被那三個祖父和叔祖賭博輸光了。」所以他們對我來說是充滿想像的。我又因爲從小在我爸書櫃看了很多《封神演義》那些故事，這類故事最典型就是說，一個人在現世的不平凡是因爲他是有來頭的，比如說豬八戒、賈寶玉、林黛玉，全部都是有來頭的，有那種天界的業緣，會有那樣的想像。

當父親倒下

黃：受到台灣這幾年政治局勢的影響，尤其是大選以後，整個族群、認同的問題越來越受到討論，這也是家族書寫幾乎無可迴避的問題，當然作家自己的認同和小說裡敘述者的認同原本不必完全相等，可是卻一定是必然相關的。我是覺得《月球姓氏》裡的確流露出一種關於身分認同的焦慮感，可是整體的呈現手法是比較含蓄的，到了《遠方》，似乎表現出比較多對於時常被問到身分認同問題的不耐，能不能談談您自己在認同上所經歷的心路歷程，這個身分的標籤在您成長過程中有沒有帶來困擾或經歷過矛盾？

駱：當然有，我覺得眞正有矛盾是在大學那個時候。那時候讀了藍博洲的《幌馬車之歌》，還有陳映眞的《人間雜誌》，我大概是那時候接觸到二二八，當時衝擊很大。可是那時很大的衝擊是轉換成一個奇怪的方式，那是一個痛苦的過程，就是你覺得自己是屬於一個沾著血的，兇手的族裔，經歷過那樣的感覺。可是我不是那麼論證型的人，所以那時是蠻困惑的，而且因爲我在陽明山，平常不太去參加山下的學運，所以我的角色一直都是一個流浪漢、或者說是一個零餘者，或者我本來就是惡漢 —— 如果在小說這個部分。我比較沒有辦法像天心他們去正面迎擊，天心或黃錦樹他們可能會覺得我比較懦弱，可是我覺得不是懦弱的問題，而是我本來就不是一個有能力去爲一個群體發言或是爭取的人，是比較邊緣的。可是因爲選舉有些東西是撕裂了，

讓我已經變成憤怒或不舒服了，我覺得到了後來這幾年，我有一部分情感的轉變。我大學有個時期很反我爸，因為我爸是那種很典型的大中華民國，非常反共的，現在說當時國民黨控制住的那些言論，我爸就是那些言論，他到大陸去遇到共產黨那邊的人會跟他們吵架，是那種很典型的外省第一代。可是後來我覺得這是我邊界的極限，我後來不是用那麼面對歷史的方式，不是去處理歷史的正義或什麼，當然有一類的外省第二代，會說他父親又不是當時的利益既得者，他們又不是兇手等等，可是在那個部分，我後來是看到我父親倒下後，反而有一種很奇怪的感覺，我覺得我變成第一代了。或者說我突然之間變成我小孩子的父親，我回頭要跟他們講什麼？怎麼講？對我來說變得有點複雜了。

然後因為我不是眷村長大的，我在混的時候，有幾個中南部上來的，黑道背景的流氓朋友，所以在成長過程裡面，在那個所謂外省本省的那種雜錯的人際關係中，我其實是打過滾的。或者我後來因為婚姻的關係，我對很多婚喪禮儀的理解，有一天說不定我在幫我小孩辦婚禮的時候，會很認同本省的這種繁文縟節式的儀式，我覺得有一種啟蒙或是價值的流動。我哥我姐他們就是那種很典型的，外省家庭出來的孩子，後來就跟現實的社會比較斷裂了，或是我認識一些外省第二代的朋友也是如此，我算是那種比較有點像是混血的、混合的。所以我在那個部分，我想要掌握的抒情性或是幽默感，其實是實體的，是真正在一個密閉空間裡劇場的那個張力，我不知道那個東西怎麼可能用一個抽象的東西去寫，或是去指責什麼。

黃：我覺得這跟你學過戲劇應該有關係，所以對人物、空間、場景等安排比較能夠掌握。

駱：對，真正發生過的事，對我來講是比較有意思的。

私小說的玻璃箱

黃：現在提起您的作品，幾乎無可避免地會和「私小說」這個標籤連在一起，您自己也多次提到這個現象，對自己所有的作品都被「趕進私小說的玻璃箱」似乎也蠻無奈的，其實對於作家的歸類或標籤，有時是大眾一種便於記憶的方式，從好處來看它可以讓作家有一個鮮明的形象，可是標籤到後來也會造成一種刻板印象甚至偏見，對於這幾年的小說創作被標籤化的現象，會不會有想要在文類或是風格上轉型的念頭？例如您考慮過寫散文嗎？

因爲一直以來，您的創作一直是以小說爲主，幾乎沒有散文創作，不過很有趣的是，其實像《我們》裡面的很多短篇又很像散文，這裡面其實又牽涉到一個問題，就是一般我們如果用很粗略的概念來分的話，會覺得小說是虛構的，而散文則是眞實情感的反映。可是就像剛才提到的，關於「私小說」的標籤問題，所以即使是小說，大家似乎還是會對號入座地去閱讀，這樣的情況會讓您覺得困擾嗎？另外我覺得這幾年來「私小說」這個詞好像被用得有點浮濫了，其實我蠻想聽一聽您對「私小說」究竟應該如何定位的看法。

　　駱：其實你的提問裡很多對我來講都像是回答了，我當然聽了是很感激而且愉快。因爲確實某一個部分來講，有一個時期會有一種焦慮，譬如說我寫《遣悲懷》的時候，我當初提給國家文藝基金的結構是「五個和時差有關的故事」，所以邱妙津的故事只是其中一個部分，可是後來因爲她的那個隱喻力量太強了，裡面具備的一個救贖的黑洞太大了，就把其他的故事吞掉了，就變成《遣悲懷》。可是在它的幾何結構上，我覺得我是有結構在支撐它的一個情書，或是說不完的故事。有一個結構是：有幾個不同的，我講給邱妙津聽的故事。其實本身這些故事就是一個時間差，一個時間的魔術的遊戲。我很感激王德威，他從死亡書寫的角度談我的作品，其實我自己之前沒有那麼清楚。可是後來很奇怪，談這個東西的時候，就都是在談私小說了。我也會很寂寞，就好比我是一個專業的花式溜冰選手，我練了這麼多基礎動作，如果說書寫像花式溜冰，我做的動作是向一個人體的極限跳出一個視角。我的書寫其實是向一些書寫的盲點在逼近，我書寫的童話意念是我想把邱妙津的死亡意願喊停，我覺得這是我在和她的一個死亡意志對決，那是一個形上或是美學的對決。我們在同一世代，這很像我的追憶似水年華，我們談或反省了那麼多關於愛的題目，或是自由、或是性的邊界，最後怎麼是死的欲力，或是暴力，就是一個對於佔有或支配的，那其實是我和她的對話。我完全不覺得我在寫的過程，有任何建立在揭人隱私或是炫耀自己私密的成分，在那個過程我是一個非常專心的小說家，我在寫的過程我不認爲我會注意到書寫以外的東西。我覺得很困擾的是，其實我寫《遣悲懷》的時候，我已經在寫的當下就有出現後設，就是我已經知道當我放話說我是寫給邱妙津，有一部分是和她對話或對決，傲慢一點說是救贖那個死亡下墜的力量的時候，我已經感覺到書寫本身就是冒犯。所以我在「後記」就故意提到我寫《月球姓氏》時，被我老婆家族的三舅他們誤讀的事情。就是好像我的小說闖到了一個眞

實的處境，我在寫這個故事的時候，覺得是非常好笑，然後荒誕，而且悲哀，而且那個悲哀是，當那個邊界被越過了以後，其實我不設定他們是我的讀者，我不認為他們有閱讀小說的習慣；第二是我想像中我的書就是兩千本，我不認為我的書會被流通，沒想到在因緣差錯的狀況變成他們看到了。可是他們不具備對於小說的一個閱讀的時間隧道，他們也不理解小說是怎麼一回事，他們不知道複雜的書寫的差異。我覺得我把這個東西好像變成對於整個《遣悲懷》的一個自我的嘲弄，或是書寫本身一個難堪的困境。也許在性的對話過程，或者我們是對決過，可是後來我卻變成一個活著的中年已婚的異性戀，可是她停在那個時間點。可是後來我不斷地遇到，而且有些是很專業的記者，他們不斷地質問我：「那你三舅那個事情，你是不是去傷害到你妻子娘家的家族？」我其實也可以跟他們講說：「那如果是我虛構的呢？」可是他們就讓我覺得很迷惘，很迷惑。

　　另外因為我的書出來以後，包括像兩年前師瓊瑜寫《假面娃娃》，因為她覺得我把她寫進去，所以她也寫一本書來寫我。我對那個事是沒辦法有任何的話語，因為如果我堅持：小說的書寫本來就是在反省一個形上的東西，我不是在揭露你，我的小說的過程裡如果讓你認為我在寫你，那其實我也應該去捍衛你寫我，不管你基於什麼動機。可是我覺得很難過是因為我跟她是老朋友，我很想請她把我的書再重讀一次，因為我在寫的心情裡，不是基於攻擊或惡意，這件事情變成對我來說，我很難描述了。其實我覺得很微妙，基本上我認為其實沒有一個純潔乾淨的文學閱讀，文本閱讀，後來有很多對於它的言論或是道德的指戳，都夾帶了太多別的因素，可是這些因素當我沒有辦法每一招每一招拆解回答的時候，我覺得只有回到作品本身。很多當時用這套道德在指責我的作家，後來我突然發覺他們也不斷在寫他家裡的事，那我不能理解。事實上任何一個指責我，說我的小說侵犯了私小說邊界的作家，我也可以把他們從前的作品列出來，我不相信他們的作品是沒有所本而憑空出現的。我覺得他們所謂的邊界只是在於：可能你曾經書寫的那些人，他們是無能力書寫的，而我不小心在我的書寫被你投射的過程是，你是有能力書寫的，所以你覺得我侵犯你。可是如果你硬要把它解讀成真實的侵犯或揭露，用這樣的心態在閱讀的話，那我覺得沒有一個作家的文本是潔本，從黃春明、白先勇、甚至朱天文、朱天心。你怎麼可能沒有故事？那你的故事是怎麼來的？當然我覺得這個東西不應該是我來談，應該是你們來談。

其實我在大學練筆的時候，我有模擬過大江健三郎的《聽雨樹的女人》，它就是對所謂日本私小說的脈絡的一種變形和一種嘉年華歡會。因爲本來的私小說，像志賀質哉他們是用一種「我」的意念，在現代性出現的時刻，他們其實是在對抗一個封閉儒家社會的義理性的鉗制。其實到戰後，像太宰治他們寫一些小說，他們的形式也全部是私小說，可是他們是在反對志賀直哉以來的那個私小說傳統，他們覺得應該要有社會意識、對社會的反省，或是左翼對於無產階級的關懷。可是即使他們要去做的，是對原來那個優雅的、貴族風格的「我」的反對，仍然還是用「我」來敘述，只是這個「我」變成社會隱喻性的狀況的病徵了，所以我覺得很有意思。到了大江的時候，因爲大江是非常理性的，他裡面用的那個「我」就變成故意的，他好像也在洩漏私密，可是他就是刻意的操弄，他會故意寫出那個陰暗面，那其實是虛構的，那不是大江，是一個仿造的人物，可是又寫得很像大江，那個主角也叫大江，然後裡面寫了很多那個主角猥褻的、陰暗的心思，我不認爲大江本人那麼黑暗，可是那就是一個戲劇人偶，它必須要有這樣一個人物的複雜度，他才能操弄出他要去展演的一個地獄面貌。我覺得這都是書寫的，一個很專心，操控性非常強的東西。可是不知道出了什麼問題，突然話題都是往這方面走，剛開始我以爲是開玩笑，就是連我身邊的，我很尊敬的長輩，他們也說我侵犯到身邊的人。可是所謂那些我侵犯的人，如果不是寫小說的，我後來有去跟他們對話過，他們並不在意，反而他們會很外行，可是非常寬大地說：「小說本來就是虛構的。」這個東西如果是建立在一個真正認真對話的哲學命題上的話，我覺得是可以一直討論下去的。可是後來都變成只是模模糊糊曖曖昧昧的，就是你剛剛講的標籤。就是除了私小說以外，沒有任何一個人去追蹤說，這樣的書寫它是爲了什麼。

黃：其實我覺得動機很重要，就是小說本身是不是因爲揭人隱私而寫的。

駱：對啊，我不認爲有人會從我的小說中而得到窺人隱私的快樂，因爲我不是浪漫主義寫作者。後來我在寫《壹週刊》的時候，有時候我會寫朋友講給我聽的故事，可是後來的反應都是他們非常高興。所以我覺得這東西就是一個展演劇場，當我意識到它是一個公開展示的專欄時，我在寫這些故事的過程裡，當然不至於美化，可是某部分的毒針拔掉了。我說的毒針本來是我自己覺得我小說中最迷人的，最原始力量的那個黑盒子，我自己把它拆掉了，所以他們的人物基本上不變態，可是那故事很好聽，講故事給我聽的人

後來有朋友把文章轉給他們，或是他們看到《壹週刊》的時候通常是很高興的，所以那東西是很微妙的，微妙到像我現在跟你講都犯規了。我覺得這很微妙是我會去想，後來跟我翻臉的，包括師瓊瑜，如果我在《遣悲懷》裡寫到她的那一章多寫幾段話，把她寫得很完美，她一定不會震怒。可是她發生了一個混亂是：為什麼她把她自己投射在裡面呢？

黃：其實我覺得有時候如果對方沒有跳出來的話，一般的讀者其實並不見得會產生對號入座的情況。

駱：所以你剛才講說我會不會改變，我一直在設定我自己下一個動作是寫西夏，就是想給自己一個挑戰，試著寫古人。

黃：所以這是已經開始寫了，還是只是籌畫中的概念？

駱：我有零零星星開過幾段，可是不一定能用，我還在讀資料。所以那天我去見王孝廉，他是專門做神話的，他提到西夏黨項人的事情，我以前一直以為整個西夏被剷為平地，可是王孝廉認為不可能有那麼笨的帝國，會把壯丁殺光，所以他認為當時有一支逃到四川去了。另外他考據雲南的一支母系社會，他覺得他們就是黨項人的另一支後裔，另外還有一支據說到安徽去了。所以這邊可以和駱這個姓有一些錯誤的聯想，因為像黨項人都很高大，像我爸就一八幾，我祖父聽說綽號叫駱大個子，很高大，我大伯父也很高，我去大陸看到那幾個堂哥都很高。我覺得他們其實反應很慢，他們的高大是很能負重，很能扛東西的，他們在文革的時候都因為很能做粗活，所以績優，評點很好。所以我常在想，有沒有可能寫成「最後一個匈奴人」這一類的故事，我想來寫寫看。當然我寫起來很不舒服，因為我忍不住還是很想寫實體的，真實發生的事，要去寫西夏就覺得很悶。

黃：所以對您來說這會不會還是某種寫作上的妥協？就像您說的把針拔掉之後，會不會覺得自己真的想寫的東西沒有出來？

駱：當然會啊，而且我覺得有部分不是顧忌，是好強，就是我也想來寫寫看，我覺得你們大家認定我了，可是我有沒有可能也可以寫一個我不拿手的？我還不到四十歲，還可以犯錯，有可能出來是一個大失敗，大爛作品，可是我覺得我也不要變成一直自我重複，他們已經給我貼上私小說的標籤，也確實後來不知道怎麼搞的，像我寫《壹週刊》，他們後來幫我剔除一些比較跟時事有關的評論或是書評以後，剩下一些比較故事性的，我自己一看，也

全部都是「我」，所以也可能寫西夏之後還是全部都是「我」。

開啟一扇扇進入故事之門

黃：您之前的創作，除了早期的兩本短篇小說之外，這幾年來都以長篇為主，一直到最近出版的《我們》，才又走回短篇，不過基本上我覺得您的長篇小說有一個特色，就是如果要拆成獨立的短篇來看似乎也無不可，像是〈發票〉、〈運屍人〉、〈長頸鹿〉等都被抽離出來收錄在若干小說選集中，在某種程度上像拼圖一樣由許多碎片組成的長篇，有人會覺得紊亂，或者對您來說這種紊亂其實是經過設計的？不過長篇小說和短篇小說畢竟是不同的文類，對您來說，覺得創作長篇和短篇有什麼樣的差異？

駱：其實大概在寫《妻夢狗》的時候，我就發現我是一個氣不長的短跑者，你會發覺《妻夢狗》後面的〈時間之屋〉就一團一團的，不知道在寫什麼。我有時會想一個我以為一定是個大長篇的題目，結果才寫了六千字就寫不下去了。當然很多東西是因為年輕，成長經驗不夠。其實我們這個世代，到我這個年紀，大概都不太具備真正寫所謂西方定義的長篇的能力，包括經驗的匱乏，包括閱讀的準備都不夠。像黃錦樹常講，寫一個長篇要有非常雄厚的藝術人文的修養，還有哲學的修養，我覺得可能都不夠。《月球姓氏》對我來講是一個極致，就是這種模式，其實說句真話它不是長篇，它只是因為脈絡是家族史，所以造成你一個想像性的，就是一束綁在一起的線索，可是你仔細看它的情節，其實沒有關聯的，只是有些人物反覆出現，因為重奏造成你的幻覺，你會覺得它們是有連續性的，其實它每一篇都是獨立的。所以我有一次跟黃錦樹講其實《月球姓氏》沒寫完，《月球姓氏》本來想要寫到一百個這樣的短章節，每個短章節都是一個台北的地標。那時可能有這樣的一個形式動機：既然我這一輩不可能寫像莫言《紅高粱家族》那樣的家族史，我們累積的故事量不夠，可是我們由於城市成長的關係，所以我們對於一個空間裡切割的多元空間不同的一個經驗反省的記憶敏銳度很強。剛剛講到我因為唸戲劇系，所以我對劇場的空間雕塑其實經過練習，那時算是那種形式很成熟的一個階段。當時因為我覺得急，寫寫那股氣也寫完了，所以那時就草草結尾。其實如果它能夠繼續再寫五十個，就是一個個地標，然後這些地標是環繞著這個家族之網，甚至補足了母系家族的，或是妻那邊再補，甚至父親大陸那邊的，我覺得將來說不定再做這件事也還蠻有意思的。

黃：就是一直把它延伸下去。

駱：對，所以其實你說長篇，它並不是一個真的長篇，你可以說它像是蜂巢吧。我們這輩是讀昆德拉長大的，讀卡爾維諾，是這樣的過程，所以我覺得我們已經習慣在說故事的當下，就會不斷地檢視或翻弄說故事的這個存在物了。像昆德拉會說一說故事突然跑出一個誤解小辭典，或突然間回奏或重奏，就是複格，主題旋律不斷的，這是我心目中一個完美的小說形式。或是像我們以前讀《如果在冬夜，一個旅人》，它的閱讀過程是不斷地，它不是我講一個大故事給你聽，我其實在講那個故事的過程中不斷地在翻弄，在翻開，不斷地開一個門讓你進入另一個故事。可是我有沒有本事在這個不斷地離題之間，把它變成一個複式的，一個繁複的大教堂，這是我書寫的一個野心。我覺得形式上在《遣悲懷》之前一個做完的其實是《第三個舞者》，《第三個舞者》好像是在講一些變態的故事，可是我在黃金定律上一直抓著「第三」這個概念——「不在場」，我一直在玩這之間的關係，它好像是最不能當做主題的抽象概念，整本書看來好像沒有任何主題，可是形式上一直在逼近一個關係對位：不管戀人關係的第三者、婆媳關係的第三者、或者說聽故事的第三者。我很希望我四十歲以後，我有一天能寫一個真正好的長篇，像我後來讀魯西迪的《魔鬼詩篇》，還有像奈波爾的《抵達之謎》，我覺得真正好的長篇，真的像黃錦樹講的要有非常有教養。

隱藏在字裡行間的動物關懷

黃：其實除了家族、死亡、夢境這些題材之外，我一直覺得關於動物的書寫也是隱藏在您作品中的一個小部分，像是提到長毛象、黑面琵鷺的遷徙、或是寫到動物園、撈魚、甚至殘酷料理等等，還有那隻常常出現的小花，我是覺得如果不是有某種程度的關心的話，或許根本不會提到，還是這些動物書寫純粹是為了用來做為某種隱喻？能不能談談「動物」或者說「動物寫作」對您來說的意義？

駱：我對動物寫作不太有理解。這個部分是有一段時期我在陽明山的時候，我媽那時養狗養到七隻，都是我撿回去的，陽明山那時很多人去丟流浪犬。我很小就對狗很有辦法，我爸媽有個小院子，就來來去去養很多狗，所以我故事裡很多狗的死亡。很奇怪那些狗通常最認我或只認我，可是我對貓就沒有緣分。我非常懂狗，甚至我覺得有一些我欣賞的個性，也是有狗的氣

質，就是狗那種樣子，還有狗的和善，不過我沒有那麼清楚地有動物書寫的概念。

寫作生涯的自我期許

黃：早期曾經出版過一本詩集《棄的故事》，現在還有在從事詩的創作嗎？

駱：沒有在寫了。

黃：是因為興趣不一樣了嗎？還是覺得那樣的文學形式比較不能表達自己想寫的東西？

駱：對，其實我覺得寫詩是要很有時間的。後來也是有受到朱天心、謝材俊、黃錦樹他們的影響。他們形成了一個我覺得是第一流的，台灣最好的創作集團的同儕的監視，你會有一種焦慮的閱讀。另外當然也有一些養家的壓力。其實後來我對自我書寫的訓練，絕對是朝向一個小說家的書寫，它調度的一個觀看系統是密不透風的，是三百六十度的，所以它有很大部分的自我訓練，是變成一個觀察術，變成一個觀看人事或觀看知識的訓練。我一直覺得我面對自己是一個職業作家，可是它沒有市場，所以你無所謂職業，可是我覺得就像職業運動員面對自己運動生涯的訓練，我是對我的寫作生涯的自我訓練。一個好的職業運動員，比如說他可能是一個棒球投手，那他絕對不用投球的手臂去作傷害的事情，一個拳擊選手他也會一直讓自己保持在最靈敏的狀況。我覺得雖然因為有小孩，這幾年父親狀況又比較不好，可是我一直在很低限度的狀況下，保持自己在一個職業的，隨時是要寫長篇的心情上。詩其實是一種完全不一樣的生理的、心靈的狀態，所以後來就不寫了。

黃：最後能否談談到目前為止最滿意或喜歡的作品是那一部呢？

駱：其實我自己最有感情的是《妻夢狗》，因為那個時候完全沒有面對任何想像的評論者。那時是以一種悲傷的心情去寫，覺得書出來之後大概我就不會寫了，那時就想去擺地攤或是賣串燒，因為有小孩開始要養家活口，沒想到後來又寫了這些。我沒有再去看我不知道，可是我總覺得《妻夢狗》在自己情感上的記憶它其實是最純粹的。

黃：非常謝謝您今天接受我的訪問。

附錄三　陳玉慧訪談紀錄

【作家小傳】

　　陳玉慧，1957 年生。中國文化大學中文系畢業，法國高等社會科學研究院歷史系及文學系碩士，語言系博士班，巴黎大學戲劇博士候選人。八〇年代初曾隨西班牙丑角劇團巡迴演出，接受賈克樂寇演員學院訓練，其後參與法國陽光劇團、美國拉媽媽劇場等實習，曾在紐約外外百老匯演出貝克特的無言劇。亦曾於中國文化大學戲劇系任教。陳玉慧才華洋溢，精通多國外語，除了創作之外，尚身兼記者、劇作家、導演等多重身分，在每一個領域均有豐碩之成果。自稱「人生傾向就是不停地做不一樣的事」的她，不論戲劇或文學創作的作品，在風格形式上幾乎不曾重複，可說是一個全方位的創作者。曾任《中國時報》美洲版紐約記者、巴黎《歐洲日報》法文編譯、《聯合報》駐德記者、駐歐特派員，以不同於傳統新聞記者的採訪方式和寫作風格著稱，曾連續三年獲得聯合報特別貢獻獎。在編、導方面的作品包括：改編自維吉尼亞・吳爾夫的舞蹈作品《奧蘭朵》、劇作《離華沙不遠，眞的》、《祝你幸福》、《戲螞蟻》（由明華園演出）、《那年沒有夏天》（改編自里爾克與莎樂美故事）、《誰在吹口琴》、《歲月山河》、《謝微笑》；文學創作則包括小說：《海神家族》、《你今天到底怎麼了》、《獵雷》、《徵婚啓事》、《深夜走過藍色的城市》；散文：《遇見大師流淚》、《我不喜歡溫柔（因爲溫柔排除了激情的可能）》、《巴伐利亞的藍光》、《你是否愛過》、《我的靈魂感到巨大的餓》、《失火》等。

【關於《海神家族》】

　　《海神家族》出版於 2004 年，陳玉慧表示這是一部「混合性的自傳體」。小說以兩尊神像的下落，以及海神媽祖的隱喻，做為貫串全書的線索。《海神家族》是一個「家」的故事，也是一個「回家」的故事，陳玉慧以「複眼式」的結構，透過一個返鄉女兒的眼光，抽絲剝繭地寫出外婆、母親到女兒這三代女性，在家族中的經歷、成長與愛恨。除此之外，陳玉慧將私歷史置放於公歷史的脈絡中，不只完整呈現自身的家族史，也將三〇年代以來海峽兩岸所經歷的政治、社會之變遷蘊含其中。關於自我、家庭、婚姻、親子、歷史、族群、宗教、國族、政治等議題，在這部結構完整、內容繁複的小說中，亦都可找到足以進一步思考的線索。

【訪談紀錄】

　　時間：2005 年 2 月 4 日凌晨 1：30
　　方式：Skype 連線訪談
　　訪問者：黃宗潔

母系書寫的家族史（以下標題均為筆者所加）

　　黃宗潔（以下簡稱黃）：您的家族書寫有一個特色是和其他作家比較不同的，就是目前大部分的家族書寫，其實都是建立在父系家族的書寫上，尤其是父親外省／母親本省這類的外省第二代作家，幾乎都將焦點放在父親的身世上，例如以父親在 1949 年遷台的故事為主，但是您的作品卻是以母系家族為主。

　　陳玉慧（以下簡稱陳）：我覺得他們寫這些故事，是因為這些故事太有故事性了，我覺得光大陸遷台這件事就是很大的一個歷史事件，所以它本身裡面有很多東西可以寫。至於他們為什麼沒有寫其他的歷史事件，也許因為這部分是比較簡單的，第一就是那一代的人比較願意說，第二就是這裡面沒有很大的忌諱，如果你要談別的，就忌諱比較多一點。我相當鼓勵口述歷史，我覺得我們的口述歷史還不夠發達，那時候歷史變動有很多東西，那些人他們在現場，他們因為政治因素、社會因素，他們不敢說，或是說得很少，其實那些東西是很好的文學草本。台灣近代史上有一些歷史事件，我們作家能

做的只是用我們的角度去寫，口述歷史還是相當有意思的。另外我們的教育，我們的上一代，包括可能我們這一代在台灣的教育，是不太習慣談自己的事情。像我的父親，如果我問他在大陸上的遭遇，他頂多就是一句話：「這就是歷史的悲劇。」他不會去形容很多東西。因為整個中國傳統威權教育的關係，小孩子也不太說自己的事，我們也不太鼓勵一個人太自我中心，太強調自己的事情。

黃：當初選擇以母系書寫這樣的視角和史觀，是基於想要為弱勢發聲還是有其他的緣故？

陳：其實應該說我當初並沒有什麼選擇，我並不是蓄意一定要女性書寫，或說母系社會書寫，我覺得都是很自然的。可是你現在問我，我仔細地想，我覺得有很多原因：一個原因是我本身是一個很自由思想的人，我對父權、權威當然很不耐煩。我的心理成長背景，還有我對心理分析或心理學的理解，我覺得佛洛伊德的說法在某個程度上對我來講是有意義的，他說一個女兒總是得哪一天把父親的形象殺死，她才可能真的成長。這個意思是說因為在父權社會，父親總是那麼重要，父親總是決定一切，父親總是那個威權，那種東西已經是在一切層次之上了。比如說政治也是一樣，中國他們可以這樣子對台灣說話，因為他們是威權，他們好像用一種父親在教訓兒子的聲音：台灣不能獨立、台灣怎麼樣等等。你從這個層次再想下去，這個社會幾乎都是父權為主的一個社會，雖然我們現在說女權運動已經開始了，很多女性也是蠻開放的，可是我認為這個社會，台灣，尤其東方，男性威權還是相當根深蒂固的，我當然是很不耐煩。為什麼父親重要就要講呢？這是第二點。為什麼這種父權思想到今天都還是這麼根深蒂固？我們的政治圈大部分都是男性，當然有一些少數的女性在從政，可是整個社會還是以父權思想為主，我就要質問為什麼父親這麼重要？或說為什麼男性這麼重要？還可以提到的就是，我在台灣出生長大，在我成長關鍵的那些年代，比如說「小心匪諜人人有責」之類的那個年代，台灣男人給我一種印象就是瘖啞無聲，甚至有點懦弱的，好像沒人敢做什麼，大家就是很被動服從。當然我不否認還是有一些義士，有一些革命家，還是有那樣的人，但基本上來說是比較少的。女性形象也很模糊，就是辛苦、忙於家計，男人基本上則是沉默瘖啞無聲的。我覺得就是我剛才一開始說的，嚴格說我當初並沒有什麼選擇，因為這是我自己

做爲創作者的一個寫作態度，你問我的話，我可以分析，我對父權當然有一種不耐煩。

黃：所以當初並不是有意識地這樣去選擇寫作的視角和方向。

陳：是模糊的，在一個意識形態上，雖然我不願意提到這個字。一個意識形態上，台灣就是那個失去父親的國土，就是沒有父土。你如果說它是一個私密史，它是一個家族故事，可是我想我是架構在一個更高一點的層次上來看，我覺得它象徵著台灣其實是一個失去父土的島嶼。我先生也在訪談裡問過我，他問我台灣是一個失去父土的，還是一個尋找父土的地方？我書裡最高層次的架構應該是在這一點上。台灣的命運總是操之在別人的手，台灣的命運總是像童養媳，台灣的命運總是像沒有父親的女兒，父親是缺席的，你到底是在尋找父親還是你的父親已經不在了？中國到底是你的父土或者不是你的父土？其實你已經把它殺死了，其實它已經不在了，你已經獨立了，whatever，你用這種層次去想，它在一個國跟族的命運上，我覺得是相聯繫的。

姓名：是工具也是面具

黃：另外，有評論者指出，《海神家族》中蠻特別的一點，是其他家族書寫中蠻強調的姓氏問題，在這本書中卻很少著墨，其實我覺得不只是姓氏，就連名字也是不被強調的部分，像小說敘述者的名字在書中就始終沒有出現。一般會認爲姓名在建立身分認同的過程中，會有一定程度的意義，名字可能是父母對子女的期待，對個人來說也因此可能產生一定的象徵意義。像小說最後敘述者和丈夫一起取了明夏這個中文名字，好像就創造了光明的新生命。能不能談一談這種對姓名低調處理的方式是否想表達什麼特殊的意義？另外您曾在《你是否愛過》這本書中寫道：「我的名字甚至不是眞實的名字，身分證上的紀錄都不眞實」，能不能談一談這個部分？

陳：第一，因爲姓名是男性社會的一個習慣，我們現在的社會裡，姓名還是以父親的姓名爲主，所以對一個男性作家來說，姓名是他們基本的東西，可是我覺得如果把姓名當作身分認同，這個想法是一個 old school，它是現代文學裡面的一個主流，但問題是現代文學的主流它已經是 old school 了。我覺得姓名完全不重要，必要的話就叫林、就叫陳、就叫王、就叫 anything，對我來講就是一個稱呼的符號。我不認爲姓名與身分認同有什麼重大關聯，除了在一個政治的操作上，比如說台灣，你曉得台灣有多少名字？「台澎金馬關

稅領域」、還有「中華民國在台灣」。在政治的操作上，名字對一些人是有意義的，可是名字對我沒有意義，它是一個符號，辨認的工具，名字對我來講就像面具。有的時候有些名字當然有意思，不過如果太有意思，像瓊瑤小說裡面的男女主角，因為你取那樣的名字，你幾乎讓讀者沒有想像的空間了，他們必須那樣活，叫「夢什麼什麼」，他們必須活在那個夢裡面，你根本不給讀者任何想像空間。所以我覺得名字基本上就是一個工具，一個符號，如果你把它想成那麼有意思的名字的話，那是不是讀者都沒有想像空間，就必須按照那名字進入一個故事？對我來講這對讀者有點殘忍。我有時想簡化人物的名字，我甚至覺得就用一般的綽號：阿美、小胖、anything，因為那才是真實，它沒有堵塞讀者的想像空間，它就是還原一個角色，一個小說人物，它可以是 A，可以是 B，它也可以是那種「夢什麼」。名字不是我的身分認同，書寫本身才是我的身分認同。我並不需要對我的名字交待任何事情，可是我必須對我的書交待。我如果很決裂地說，名字對我來講是沒有任何意義的。我當然也很費力地在想名字，但是那個費力是剛好跟別人相反，我不應該讓那些名字沒有想像的空間，我覺得我應該要還原那些人物的名字到最簡單，可以辨認就好，所以它可能一直被叫林、林、林，因為你讀了以後就知道這個人是他。如果大家要透過名字才知道他在做什麼的話，那這本書一定寫得不好。不過當然我簡化名字，也有一個可能是寫作上的考量，我不想讓名字很繁複，因為這是一個家族書寫，裡面有很多人物，我不想讓這邊一個名字、那邊一個名字，除非我弄出一個家譜，所以我覺得盡量簡化他們的名字，讀者容易記憶然後可以繼續讀下去。

　　黃：所以就盡量甚至只用人稱代詞的「我」或是「你」來表示。

　　陳：這本是這樣子，很難說，因為我常常會改變。我是一個喜歡在風格形式上變動的人，在寫這本書的時候我是有這樣的考量，我不想要有複雜的名字，而且名字對我來講不是身分認同。那是父系權威、父系作家灌輸的毒藥，為什麼一定要有名字？那是他們認為。問題是他們是誰？他們是男性作家，他們是父系系統出來的作家，但我不是，我為什麼要配合他們？我為什麼要跟他們一樣想事情？而且評論者也是男性，問題是他們那種父權陽剛的思想，我為什麼要去配合他們？我並不是咄咄逼人，而是為什麼我們沒有自己的書寫方式？為什麼他們講的，父系社會系統裡面講的都是對的？基本上

對我來講那些都是 old school。

黃：不過像我自己因爲經歷過改姓的緣故，對我來說我就會覺得姓名和我自己的認同是有一定程度的關係。

陳：在人的心理上其實名字跟身分認同是有關係，我剛才所講的振振有詞的那些只是針對說，我不同意父系社會作家或評論者的那種好像非這樣不可的說法，我自己個人在心理層次上明白這是有關聯的，而且這關聯可能還相當的深。比如說我父親就像小說裡寫的，他不是姓這個姓，後來他改姓以致我們也不是原來的姓，因爲我們是他的女兒。其實我有問過他：「你爲什麼不把姓改回來？」因爲已經沒有什麼意義了，現在台灣社會蠻自由都可以改姓，可是他說如果他改回來，他就不能再領退休金了，這個問題就沒了，這是他的層次，他不願意去改這個名字。對我而言，比如說我們本來姓謝好了，我好像也沒有很大的必要改姓謝。當然這東西小時候也會困擾你，你小時候就聽到你媽媽很無奈地說：「你們也不是姓陳。」那你到底姓什麼？對兒童來講，對一個不經世事的人來講，他會覺得這裡面好像有什麼家族秘密，這裡面有什麼他不知道的東西，以致也許影響到他的身分認同。那我到底是「陳」嗎？我不覺得我的認同就是「陳」，可是我也不覺得我的認同就是「謝」呀！我覺得我的認同就是我在做的事情，我也不會給很多人空間讓他們來問我：「那你到底姓什麼或不姓什麼？」因爲這只有跟我自己有關。可能名字對很多人來講很重要吧，但我總覺得我們不需要太重視那個名字。我也不覺得一個家的傳承就是名字、家產，我覺得一個家的傳承是 spirit，是靈魂的東西。比如說父親有糖尿病，兒子也有糖尿病，這當然不是 spirit，可是這其實是 spirit，因爲父親常吃糖，兒子也常吃糖。我現在沒辦法講很多，但其實一個家族的傳承是一個很隱性，精神層次上的東西。我不覺得是那些：我們家有祖傳的一把劍，或是一個名字，然後世世代代都繼承這個姓等等，這些都是 old school。也許對很多人來講，一個家族的傳承就是生一個兒子、這個兒子再結婚生子多出一個家、然後再結婚生子，然後這個家就綿延不停了，這就是父系社會。如果母系社會不是這樣呢？那這個家怎麼傳承？今天如果在雲南，還是有很多母系的社會，真的還有那樣的生活方式，他們就不是這樣的東西，那你怎麼說呢？名字只是其中的一點，對我來講它不是很重要的一點。

從邊緣看主流

黃：您說過自己沒有民族身分認同，這是因爲長年在國外的緣故嗎？但是在之前成長的過程中，您的多重族群背景的身世，曾讓您覺得在建立身分認同的過程中，有矛盾、衝突或困擾的感受嗎？或者這種多元族群的身世背景，反而能讓您跳脫一般以省籍做爲族群認同的唯一標準的這種牽絆？

陳：我說我沒有民族身分認同嗎？原來的字句可能不是這樣，但是我想我可以說的是，我沒有那麼強烈的民族身分認同，因爲這要牽涉到「什麼是民族身分認同」？我們一般說的民族身分認同，牽涉到一個很根本的問題，這是整個台灣人的問題，就是這民族是中華民族還是台灣民族？因爲我們小時候都是受中國教育、儒道思想，不管是什麼都是中國的、中華民族的教育。可是那個教育它有點不太眞實，比如說你從來沒有去過長白山，長白山的問題卻跟你息息相關，那個中國教育在我們小時候應該是很難認同的，可是我們卻都很認同、很接受中國，包括中國的形象、中國的詩情畫意、中國的東西，但是它其實並不眞實。所以你如果很嚴肅地去面對這個問題，你也很難眞的認同那個東西就是你很貼身的民族認同。你從來沒活過，你就只在教科書裡活過。可是你現在如果說這個民族認同是台灣民族的認同的話，就是現在所謂去中國化、台灣人的定義，也令人很難接受。所以我沒有很深的民族身分認同，我覺得這是很正常的，如果有我覺得反而不正常。如果說有那種強烈的中華民族身分認同，就是非中國不可的那種人，你可以想像他們是多麼的藍，或是非台灣不可，多麼綠的那種人，這都令人難以想像，因爲他們都在做夢，那都不是事實，都一樣不可能啊！處於這兩極的人很多，我覺得就是統治者的催眠，以前蔣介石的催眠，反攻大陸的催眠，跟現在統治者的催眠是類似的，只是在技巧手段上不一樣，基本上都是在催眠說這種東西是成立的。所以我說我的民族身分認同並不深，因爲我的成長環境是這個樣子。我唯一認同的東西是中文，因爲我用中文書寫，我在裡面可以寫出我自己認同的東西，所以我說書寫是我的認同。

如果要回到你的問題上，比如你說我多元族群的身分背景，是啊，這可能讓我從小都有一種感覺，就是好像從來不屬於任何一個圈圈。有一些圈圈是很自然形成的：他們是台灣人，或他們是外省人，我們什麼都不是。可是我父母並沒有禁止我跟誰來往，有的人他們在從小的教育裡面，父母會說「你不准跟外省人來往」，或「你不准跟台灣人來往」，我倒是沒有這樣的東西，

因爲我們的環境不可能有這樣的東西，因爲我父母自己就是多元的。可是因爲不屬於任何一邊，我們也許就因此變成一個局外者。這種局外者其實就是一種邊緣人的身分，這種邊緣的身分使你會跳脫一般的思考邏輯，因爲你是邊緣，你只能從邊緣看主流。那種局外人、邊緣人的身分在你小時候，可能使你無法加入人家的遊戲，或是你可能朋友不多，可是你在寫作的時候突然就很管用。就像你說的，它可以使你不陷入一般性的那種邏輯思考。

黃：那到您出國後，發現從小接受的教育其實是如此不眞實，會覺得有某種衝突的感受嗎？

陳：說衝突說不上，我覺得是有點曖昧，那曖昧比如說是同文同種。像我剛到法國的時候，因爲剛開始學法文，所以有時候會想讀一點中文的東西，就到中文的書店去買一些書，那些書都是簡體字，就是從大陸來的。你看這些東西就覺得其實是一樣的文化，可是當然是不同的表達方式；然後你碰到一些中國大陸來的人，其實是一樣的語言，很多時候是一樣的思考方式，食物、生活習慣，很多都是一樣的，可是有些時候它又不一樣，我覺得這種東西就讓我很有興趣，那種曖昧感，就是我提的那種邊緣的東西。我剛才所講小時候那種邊緣人的身分，在越來越大的時候，我發現自己在整個中文教育裡面也是處於邊緣的位子，台灣其實是一個邊緣，中國大陸他們才是主體。它是曖昧的，因爲以我的感覺，你比他們讀的四書五經甚至稍微多一點，因爲他們很忙於文革，他們很忙於他們共產社會的東西，我剛出國的八〇年代，那一代的人他們並沒有那麼詳細的中文教育，反而是在台灣會比較完整。這種曖昧在於說：你是屬於他們呢？你不屬於他們呢？你跟他們一樣呢？你跟他們不一樣呢？你當然知道在政治上是一個謊言，因爲你跟他們不一樣，可是文化上是同一個東西，只是這個文化因爲經過不同的地域、不同的人、不同的發展，它有不同的味道。衝突感不大，那曖昧倒是有。那曖昧就是：同樣的文化可是好像又是不同的東西，所以這裡面很難眞的很清楚。我覺得要花很多時間，很多年以後都還不太能夠清楚，爲什麼同樣的文化可是是不同的東西。也不能說同樣的文化，應該說是同樣的語言，所以也不是衝突，是覺得有點曖昧。但是我覺得好像很少有什麼四九年之後在中國大陸所產生的文化現象會令我很著迷，或是覺得好像很有興趣，從來沒有。我現在岔開來講，比如說那時候的樣板戲，我可以告訴你說我今天又有興趣了，因爲它太達達主義，你把它擺成像 Andy Warhol 那樣的層次，它突然變得很有意思，可

是這不是它本來的意思。那種曖昧我很難在電話上用幾句話跟你講，可能以後要花時間深思才能把它講出來，就是一直有一種曖昧感。

從衝突到和解

　　黃：您提過《海神家族》的最初結構，是由心理分析的空椅技術開始的，由和兩把椅子對話，小說就開始成形了。所以您說寫作的過程中一定程度地像是心理治療。從這本書中，可以感受到家人之間，從衝突與矛盾最後達到某種程度的和解的一個過程，像是母親最後還是去大陸接父親回來、母親與阿姨的和解，還有敘述者自己對父母不愛自己的原諒與寬容。如果和之前您在其它作品中寫到家庭故事和家人關係的部分做比較的話，可以發現之前像是〈失火〉、《你是否愛過》、《巴伐利亞的藍光》裡面所寫到關於家人的部分，矛盾和懷疑的感覺比較強烈，可是《海神家族》相對來說多了很多的包容和接納。從小說中看來，感覺上您先生在這個和解的過程中，似乎也扮演了蠻關鍵的角色？敘述者一方面對先生述說自己的故事，一方面又從對方的家庭故事中找到共鳴，然後從先生和父母互動的過程中，彷彿也重新看見了父母，可以談談這個部分嗎？

　　陳：對，不見得這本書全部是為他而寫，但我當初的動機之一是為他而寫，因為他問我很多我以前的事情，所以我就突然有這個想法：我可以用對他而寫的方式來寫一本書。事後我也覺得好像真的是為他而寫，在寫的過程裡面想從他的眼光來看我自己吧。因為我跟他成家，我在那之前從來沒有家的感覺，因為我一直都是漂泊，跟父母的關係很疏離，從小先去外地讀大學，然後又出國，所以跟家的關係一直是很疏遠的，對家的概念也是很模糊，簡單來講就是那種沒有被愛過的小孩，也不知道什麼是愛的人。結婚以後因為成家，對這個家就開始比較會有一些想法，比如說他跟他家人的關係，對我來講也是很不同，因為他們家人關係很密切，所以我想可能在家的觀念上，他對我的影響是蠻大的。他們家有家譜，有他們跟父母的關係，那我們家是什麼都沒有。套用我以前〈失火〉裡面的句子，我從小就覺得我是孤兒，我沒有家。我一直帶著這種想法長大，到有一天我自己成家，結婚，然後看到原來有「家」這種東西，所以他對我的影響是扮演了蠻關鍵的角色。至於是不是跟家人的衝突矛盾最後達到某種程度的和解，應該是。我不能說《海神家族》就是我的一個心理治療，因為在寫《海神家族》的時候，我心理治療已經差不多快結束，或是說心理治療多多少少都是我的 hobby，所以我 N 年都

在做心理分析，所以並不是這一次。但是寫這本書就是因為真的去寫，真的去感同身受，好像真的陪這些人物到現場去，真的跟他們對話，真的去設身處地，所以最終對我來講是一個和解，或者也可以說是一種淨化的過程。就像我一直說的，希臘悲劇裡面所有殘酷悲慘的事情都經歷過，最後在那個戲劇過程裡頭，你的心靈都洗滌過了一遍，就淨化了。比如說我寫我的父母，就算我開始寫的時候也許覺得我的父母好像從來都沒有愛過我，可是當你寫下去的時候，你才明白他們沒有辦法愛你，因為也沒有人愛過他們，他們根本不曉得愛是什麼，有誰愛過他們？所以當這個問題出現的時候，我覺得就已經和解了，一切就釋懷了，應該不能講和解，應該說是釋懷了。好，就算他們沒有愛過你，但是你可以問的是有誰愛過他們？而且他們是處於那種亂世，他們可能連自保都很困難。寫完了之後比較釋懷，但也不表示說我從此跟家人關係就大幅改善，但至少我本來所介意的家族愛恨等等這種東西，我就完全釋懷了。

黃：您將來還會想要進行這方面的寫作嗎？或者說您在每一個階段，會想要嘗試完全不同的題材？

陳：我的人生傾向就是不停地做不一樣的事，我很難做一樣的事，所以我絕對不會再寫家族小說，我想蠻確定的，因為已經做過了，不過 You never say never。如果你了解我過去的背景的話，到現在為止從來沒有做過重複的事情，每次都在嘗試一種新的東西。

媽祖的隱喻

黃：另外，在《海神家族》裡面，千里眼和順風耳這兩尊神像的下落，也是貫串全書的重要線索，另外書中還穿插了很多關於宗教信仰，祭祀方面的禮儀，您說過您是個無神論者，當初為何會想要以海神，以某種信仰和習俗做為小說中相當重要的環節和象徵呢？

陳：我覺得在我成長的過程中，我是親身理解到媽祖是台灣最普遍信仰的神祇。台灣基本上當然有很多神，各個信徒因為他們的需要有他們的神，所以神就會出現，可是媽祖是其中我覺得信徒最多，影響也最大的，祂對整個台灣的象徵意義蠻強的。當初閩南地區的人搭船渡海來的時候，就帶著一尊媽祖，因為希望媽祖在旅途上保護他們，所以媽祖基本上是移民史裡最重要的一個神祇。台灣其實可以說是一個移民的社會，除了原住民之外，其他都是移民來的，所以媽祖在這個層次上，我覺得對台灣來講是一個移民史的

象徵。還有你看現在媽祖能不能回湄州呢？因為林默娘的出生地是在湄州，那時候祂能不能回去也是一個事情，也有人炒作。基本上所謂海神當然就是指媽祖，小說中又穿插很多宗教信仰，是因為其實台灣的民間宗教信仰是很虔誠的，是台灣本土化的一個主體，這種民間宗教信仰文化在各個層次已經很深入，就像最前衛的劇場如國家劇院，他們要開演前也還是會拜拜。我想這個宗教信仰已經蠻深入在台灣文化裡頭，所以當我要寫一個比較牽涉國族架構的小說的時候，我會把這個東西放進去，還有因為海神是女神，這些當然對一個寫作者來講都形成一種意義。所以基本上所謂海神當然就是媽祖，裡面又穿插很多宗教信仰，是因為其實台灣的民間宗教信仰是很虔誠的，是台灣本土化的一個主體。

你說我曾說過我是無神論者，不過這幾年有點改變，我不是無神論者，我其實是疑神論者。我從來不是無神論者，這個我要先強調，疑神跟無神論其實不一樣。這幾年我覺得最大的改變就是我從疑神變成問神，我已經排除了無神，我可能當初很年幼無知的時候說我無神，後來我疑神，我不知道神在哪裡，以致我現在問神，問神就是你想跟神對話。我自己本身的成長過程，當然也加深了這本書裡面以宗教信仰，以海神來做為背景，我想這也是有關係的。這改變可能是因為年紀，因為人生經驗慢慢的累積，讓我很快知道我不是無神論者，也慢慢知道我不是疑神論者，而是一個問神者。我說過我是一直在遷居的人，我其實有點像遊牧民族，我的精神狀態也像遊牧民族，遊牧民族他們其實最後在問神，是在尋找神的腳步，應該這麼講。你問我為什麼改變，我只能說人生經驗的累積，我有一些人生遭遇，一些人生經驗，到有一天我覺得原來我是一個這樣子的精神上的遊牧民族，原來我是這樣的一個問神論者。

被貼標籤是寫作者的宿命

黃：《海神家族》裡寫到很多台灣的歷史事件，個人的命運其實很大程度是受到歷史的影響，但就如您所說的，您在陳述這些事件時，是採取一種比較客觀的態度，並沒有預設立場或意識形態。但台灣這幾年來，很多事情都變成意識形態之爭，甚至連文學也會被冠上政治正不正確的帽子，或是會以作者認不認同台灣來做為一種評價，您如何看待這樣的現象？

陳：沒有什麼看法，也覺得這些看法沒那麼重要。不過你要真的問我的

話，我基本上覺得那是沒有辦法的事。一個寫作者被怎麼貼標籤從來都是他的宿命，我基本上不覺得這問題很重要。當然我也注意到台灣目前的現象，所以我知道爲什麼有你這樣的問題出現，我明白這樣的問題。以前鄉土文學的時候，那時候我覺得還算成立，因爲像《金水嬸》、或是黃春明的作品，總是和鄉土還有蠻深的關係，但現在有些所謂的本土文學，其實跟本土也沒什麼關係，而是那些作家自己想像的，一點都不現實、不寫實，根本就是完全沒有這樣的事情，他寫不出那個眞實層面，那我覺得就不能叫本土文學。除非你今天是翻譯某本書，否則文學來自本土的就是本土文學，何必強調？可見一定有什麼人，他們要故意去區分文學裡面的政治意涵。需要這樣嗎？文學需要這樣去區分嗎？我覺得不需要。作家認不認同台灣，要看你怎麼定義。我想沒有人不認同台灣，因爲他是台灣人，他如果不認同台灣，他就回中國大陸去了，他就去美國了。你說像蘇聯的索忍尼辛那樣的作家他認不認同蘇聯？但是他大半輩子都被驅逐在外，今天台灣就是只差一點，他沒有把那些他們認爲不認同台灣的人驅逐走，他只是給你戴個帽子：這個政治不正確，那個是外省的……，我覺得這些區分是無意義的。這世界上有兩種最難忍受而且最恐怖的東西，一個是極權統治，一個就是意識形態。我覺得現在我們所說的全部只是他們意識形態的操作，他們是誰？就是有心人士、政客、whoever，他們操作這些東西不是爲了文學，是爲了他們的選票，爲他們自己個人的利益，那我覺得如果你的目的不是爲了文學，你就應該停止，文學就是文學。當然我想眞的在寫的人，這是他的宿命，他會被貼標籤。就像我一樣，也認識這種宿命，我不被了解，我也被貼標籤，但是我還是得寫，因爲我是一個寫作者，除了這個不會別的，所以沒辦法，你只是碰到一個時代的問題，你只是碰到不當的那些政客、統治者。我覺得寫作者在這個時候，條件其實是很好的，我總覺得在很亂的世代，有更多東西可以創作，你只要不要太在乎你個人被貼什麼標籤，你只要繼續寫、繼續寫、繼續寫，就三個字。不然你還能怎麼樣？

混合性的自傳體

　　黃：感覺上很多作家都很不喜歡被問到關於小說中的自傳成分這類的問題，但是自傳體小說最常被注意的，就是關於小說中的眞實與虛構，一方面讀者很容易用對號入座的方式去閱讀，另外有時寫到家人和朋友的部分，甚至可能引起對方的反彈或不悅。在寫家族小說的時候，您有過類似的困擾嗎？

陳：沒有，因爲我寫完我的小說就跟家人講：「這只是小說，如果你看到什麼你不喜歡，你就把它當成小說就好。」他們也同意。事實上也是眞的，我覺得它的自傳成分當然也有，可是它是一個混合性的自傳，大部分也是虛擬出來的。我的父母讀的時候當然知道在講他們，家人裡面的事情都是他們的事情，可是他們讀著讀著就有一些虛構的東西。他們沒有那麼類似的困擾，因爲我已經跟他們講過這是小說。

黃：所以父母也都能接受。

陳：我不曉得他們能不能接受，但我有跟他們說過：「這是小說，這並不是控告你們的紀錄，這只是小說。」我從來沒有說這是我的自傳，我說這是混合性的自傳，所以這裡面本身就是有一些虛擬，有一些眞實的。我會說情感上是蠻眞實的，我是帶著愛去看他們，所以他們一定會原諒我。沒有很大的困擾，因爲基本上它是一個混合性的自傳，它不是一對一的寫作。所以我的父母在讀的時候雖然知道「這在寫我」，可是他又覺得有些事情不是他的，所以還好，他不會覺得我在批判他或是在控訴他，我想他不會有這樣的感覺。但是我沒問過他們，或許他們還沒讀呢！

品質‧深度‧暢銷性

黃：您在《深夜走過藍色的城市》一書中提到，這本書是您「商業性寫作的嘗試」，能不能談一談爲何會這樣定位這本書？對您來說，「商業性寫作」代表了一種怎麼樣的文學形式？

陳：那是我年少的憤世嫉俗，只是我一時的氣話。嚴格講其實並沒有所謂的商業性寫作，作品只有暢銷或不暢銷。我當初的意思是說我想寫暢銷作品，那是非常的愚蠢。因爲第一我不見得適合寫暢銷作品。暢銷作品，不要說它文學程度的高低——可能眞的是很低，但是我都不提高低——，但不見得你就會寫，因爲不見得你是這樣的氣質。所謂暢銷的東西其實它有一種奇怪的成分，它也不是媚俗，可是在深度上、層次上它要有意識地去把它降低，不然的話它就沒有多的讀者，因爲你只要更深地去寫，讀者就會更少。我今天已經明白這種寫作完全有悖我寫作的初衷，我根本不想寫淺，我只想寫深。所以我的意思是說，我已經知道我當初想要做暢銷作家的那個想法不太對。其實我說商業性寫作只是說我想要做暢銷性作家，第一我不能，因爲我的氣質不是那樣的氣質，第二我也不會。這也沒有批判別人也沒有批判自己，只

是說你的書要賣得很暢銷的話，你的書的品質要很低，你要很膚淺地讓它盡量程度要淺一點，否則它不能賣，你只要去增加你書的密度跟品質或是深度的話，它就不能暢銷。

黃：那到目前爲止，您最喜歡或是覺得對哪一本作品最滿意呢？

陳：最喜歡哪一本，可能是《巴伐利亞的藍光》。可是那本書剛好不巧地裡面有蠻多錯字，校對的時候沒有把它校出來。因爲我那些年是有意地模擬一種好像從別人的眼光來看自己，從第三者的眼光來看自己的生活，所以寫得很高興。我從來不會對什麼滿意的，所以你不要問我，不過我回想可能寫得最高興的是那一本。而且那一本它有點像謎語，它所遇到的讀者他真的讀懂的話，他就發現一個新世界，如果他沒讀懂它就是一本日記。

小說不能脫離故事的傳統

黃：您可以說是一個全方位的創作者，不論是散文、日記、短篇或長篇小說，您都有代表作，我覺得您的作品不論是散文或小說，人物、對話和場景都掌握得很好，像《徵婚啓事》裡面的每一個角色都像是一種人物典型。所以即使是一個生活片段的紀錄，也會有一種故事性。這和您當過導演和記者的經歷有關嗎？另外對您來說，您覺得小說創作最重要的考量是什麼呢，比方說是情節、結構或是形式等等？

陳：和當過導演和記者沒關係。我寫作常常強調故事性，我覺得是受到美國文學的影響。我常讀美國文學，常看美國電影，所以我知道 story、story、story，沒有 story 就不用寫。尤其是小說，如果你要創作的時候這裡面是沒有故事性的，那你要寫什麼？因爲小說不能脫離故事的傳統，其實以前中國文學裡面所謂說書，就是說故事。故事性一直是很重要的，這種故事性在歐洲、在西方文學，尤其在美國文學裡面一直都還有一種很好的傳統。你看好萊塢電影它一直都是有故事性的，所有現在的作家也都有故事性，很少人寫小說沒有故事性。我當然也會寫那種東西，我也喜歡有時候看一下卡爾維諾，可是問題是我還是喜歡講故事。創作可能可以是後現代、可以是解構，它可以有不同的形式。可是我一直覺得敘事這個傳統很重要，讀完應該要知道這個故事是什麼吧！另外小說我覺得最重要的是主題要明確，再者就是故事是否動人，這後者當然還跟寫作者的情節結構這些安排有關係，也跟敘述者的文字能力有關係，這是一定的。小說裡面人物的心理是最難寫的，我覺得結構

情節這些安排都還算是技巧性的東西，最難的是小說人物的心理。因為心理是這麼的複雜，而且你總是不能讓小說人物直接說出他心裡的狀況，因為你一說出來就不是了，所以小說的心理是很複雜的。小說人物要說的話你其實都不能寫，可是你要把小說人物活生生地寫出來，你必須鋪陳到讀者能夠設身處地的一個狀況，你必須寫但你不能寫得很白，所以你必須寫到一個讀者能夠想像的情況。有些小說把作者自己的想法就直接寫出來，這不是在寫小說，因為小說的心理是很難寫出來的。如果一個人今天腦筋裡面在掙扎一件事情，他不可能把他心理的掙扎就直接地說出來，如果你在小說裡面就看得出來，他那麼多掙扎都用說話把它說出來，那就沒有意思了。小說裡面寫人物的心理就有點像中國畫裡的白描，你不寫的其實才更有意思，你沒畫出來的地方才更有意思。你說出來的東西它的力量就沒那麼強了，如果你問我什麼最難寫，我覺得是人物的心理，然後就是主題、主題、主題，story、story、story。

　　黃：再次謝謝您接受我的訪問。

附錄四　鍾文音訪談紀錄

【作家小傳】

　　鍾文音，1966 年生。淡江大學大眾傳播系畢業。曾任電影劇照師、場記、《聯合報》藝文組美術記者、《自由時報》旅遊版記者。1994 年以〈怨懟街〉獲聯合文學小說新人獎佳作，1995 年赴紐約學生藝術聯盟習畫兩年。返國後陸續獲得多項重要文學獎，如：〈淪落的希望河〉獲台北文學獎評審獎（1998）、〈咖啡館沒有女人〉獲長榮寰宇文學獎（1998）、〈補〉獲世界華文小說成長獎首獎（2000）、〈心寬的年代〉獲劉紹唐傳記文學獎（2000）、〈前往秘密基地〉獲時報文學獎第二名（2000），並於 2002 年獲得台北文學創作年金、2003 年成為第一屆雲林文化獎文學類得主、2005 年獲得吳三連文藝獎之文學獎。鍾文音以旅行為題材的作品向來頗受矚目，但她的行旅記事可說迥異於一般的旅行文學，而是在行旅中與已逝的魂靈進行對話，寄託人文觀照與生命遐思。此外，鍾文音對於寫作用力甚勤，創作類別亦多，作品內涵多半可歸結到對於「生活」各種可能面貌的體會和思考。著有長篇小說：《愛別離》、《在河左岸》、《從今而後》、《女島紀行》；短篇小說《過去》、《一天兩個人》；散文《中途情書》、《美麗的苦痛》、《昨日重現》、《永遠的橄欖樹》、《台灣美術山川行旅圖》、《寫給你的日記》；行旅札記《孤獨的房間》、《情人的城市》、《奢華的時光》、《遠逝的芳香》、《山城的微笑》、《廢墟裡的靈光》；繪本《裝著心的行李》等。

【關於《昨日重現》】

《昨日重現》出版於 2001 年，鍾文音以物件和影像為線索，召喚出過往的記憶與歷史，從而刻畫出家族親友的容顏。除了在鍾文音作品中向來形象鮮明、堅毅務實的母親之外，其他的家族成員，包括：父親、祖父母、外祖父母、叔公、叔叔、姑姑、舅父、表姊、兄長……，也都在她尋物憶往的筆下，透過文字逐漸浮現。而族人的生活點滴，又進一步組成雲林小鎮樸實的日常風貌。鍾文音的書寫，總是與自身的生命緊扣，反映出她所關心的切身議題，因此她筆下的家族史並非遙不可及的神秘傳說，而是她對宿命連結點的思索、對生活的體會、對生命中種種可能面貌的呈現，更是「以記憶僭越歷史」的一種方式。

【訪談紀錄】

時間：2005 年 2 月 25 日下午 2：00

地點：天母忠誠路咖啡館

訪問者：黃宗潔

家族人事，不外蒼涼（以下標題均為筆者所加）

黃宗潔（以下簡稱黃）：當代台灣的小說家中，書寫家族的不少，可是感覺上持續創作這個題材的並不多，您是少數的其中之一，《在河左岸》的後記中提到，您最早家族書寫的原型是從《女島紀行》開始，之後則是《昨日重現》和《在河左岸》，其中又說這只是您寫作「百年家族史的先聲」，而且《在河左岸》是把三十萬字拆成兩半，所以還有一本續集，這是不是表示對於「家族書寫」，您未來還會嘗試用不同的形式去表現它？

鍾文音（以下簡稱鍾）：對，因為像我祖父那個年代，我祖父真的是巫師，所謂巫師是他們當地看風水、勘輿、做一些法事、還有結合中醫等等，我覺得他這個角色非常像巫師，他的故事對我就有一些迷惑效果。可是因為我常常被我的愛情故事耽擱，所以另外一個支線會去寫愛情，像去年的《愛別離》。所以我想，恐怕我還沒準備好，所以那個百年史會更晚。其實像《女島》或者是《在河左岸》，都比較是斷代史，鎖定在女兒跟母親或者跟父親的糾葛，我並沒有拉開去追尋祖父，在《昨日重現》只是略為提一下祖父，而且都是

非常光明面的。所以我在想，我覺得早期的作品比較是鎖定三四十年的歷史，斷代史而已，百年史對我而言是一個很大的挑戰，我現在還沒準備好。因為生命在三十幾歲的時候非常動盪，我覺得我會被愛情吸引過去，就像你說的，沒有感受性就沒辦法寫，我想等老一點的時候再寫祖父這個部分，等我的愛情風波都過去。

　　我是那種被過度不保護的孩子，因而呈現了一種撕裂感，這種撕裂感一直在我生命形成一種傷口，所以我覺得寫家族史就像插花，每天都在剪它的傷口，我現在處理家族史有這種感受，好像每天要去把舊傷口剪掉，新的傷口才能吸收水分，好讓花朵可以再茂密。所以我覺得去凝視自己的過去，是在剪除舊傷口，讓它可以再呼吸，去處理它有一種寬恕的感覺。有人問我說，我把我媽媽寫得很血淋淋，寫她的暴虐或什麼，可是我覺得我才寫了百分之三十而已，還有更大的冰山根本不敢去碰觸。所以可能等老一點，等人事都過去。我現在處理的還是比較個我的，是站在個我的立場去看整個家族史，而不是從整個家族史來看個我，百年史比較是看整個家族，可是我現在的家族史是從個我去回顧，所以反而比較像私小說，家族只是它的龐大背景而已，重點還是在個我身上，所以也許跟老作家寫那種時代的家族史非常不一樣，或者說和駱以軍他們處理的不太一樣。我的時代其實非常單薄，我比較多細節的痛感，因為我每天在切那個傷口。時光拉回那個時間點，即使不遠的人事卻有恍如隔世之感，好像一個老去的人在看電影，看著自己的故事在不斷上演。這是我寫家族史的心情：就像看老電影，只是有時背景的人成主角，有時主角又成為背景。家族人事出出入入，不外蒼涼。

扣緊生命的書寫

　　黃：《昨日重現》這本書，可以說是您家族書寫的代表作，它有幾個和一般家族書寫較為不同之處，第一是它是用散文的方式呈現，不像一般以小說的方式比較多，另外就是它的敘述觀點，大部分的家族書寫往往是用一種說故事的方式，比較是旁觀的，可是《昨日重現》裡面，不論是寫父親、母親、祖父母，其實都是您與他們之間的關係，或是您對他們的印象或記憶，只有〈心寬的年代〉敘事觀點比較不同。可是即使〈心寬的年代〉透過三叔公的故事紀錄了那個年代的歷史，感覺上整體來說，您的家族書寫，是比較少碰觸或處理較為政治性的或是歷史的認同問題。您在《幼獅文藝》的訪談中也曾談到，您的家族史書寫不同於駱以軍那種「集體性的焦慮」或是「尋求歸

屬的疑惑」，而是主角過去經驗的回顧。關於這個部分，能不能請您談一談，是您對國族認同這方面的議題較不感興趣，或是說您自己在成長過程，在建立身分認同的過程中，比較不覺得有經歷這方面的矛盾或衝突？

　　鍾：其實我一直覺得，我很佩服人家可以去處理國族或時代，我現在沒有能力去處理，因爲對我而言，國族與時代對我的生命來說有點遙遠。我會從比較切身的感受先去處理，比方說母親是最切身的議題，還有情人。母親、情人、土地這三者是我比較切身的。其實處理到國族勢必會推衍到祖父、曾祖父，或更早的移民那個年代，像我們是第十一代渡台，我還記得那位渡台祖的名字叫鍾郎，我們鍾家祖祠都寫在牆壁上。這是一個非常大時代的東西，可是我一直覺得對我而言那樣的東西我沒辦法處理。像我們雖然姓鍾，可是我們不會講客家話，事實上我們的祖先是客家人，像這個部分我也沒有處理。其實當時有發生閩客械鬥，我的先祖這一支流徙到雲林，至此落腳在二崙繁衍族脈。因爲鍾這個姓其實都是客家人，如果你問到姓鍾可是不是客家人，那一定是雲林那一帶的鍾姓，中部的鍾姓幾乎都不是客家人，這是很奇特的，所以後來我查歷史是因爲閩客械鬥，客家人掩飾他的身分而存活下來，久了之後就失去了他的母語。我在想這個東西我沒辦法處理，我必須說，我非常不喜歡把歷史拿來當道具的寫作方式，它表面上會非常好看，因爲人家會覺得你博學，乍看非常偉大，非常豐富，可是我都沒看到個人的感情，我會不希望我寫成這個樣子。那些作品看起來非常恢弘，歷史觀非常博大，對那個時代掌握非常清楚，然後在裡面搬演，可是和寫作者的個我是沒有關係的。我也知道如果我去處理閩客械鬥，或者是我們消失的母語，會非常好看，可是對我目前生命的狀態而言是遙遠的，所以我會比較傾向於等我老一點再處理。

　　每個人對寫作的態度不一樣，我的寫作跟自己的生命連結得很緊密，我並不想追求成爲「偉大的作家」，或是「最有潛力的作家」這類的稱號，我只想把我的生命放在寫作這個位置，然後跟它發生互動。所以我有時候會出現很多的瑕疵，原因也是這樣。所謂瑕疵是說，我在文筆上沒有去修飾它，因爲當下就是那個狀態，可是那會造成評論家在看你的文本的時候認爲有缺陷，可是我並不那麼在意。我還是覺得處理時代對我來說是個遙遠的議題，我恐怕要等人間的煙火都看盡之後再處理。而且老一點之後再去回顧家族史，或是人事更凋零之後，或許會生出更多的感慨或是立足點吧。處理家族

史的立足點非常困難，所以你問我有沒有認同的困擾，我小時候最常被問的是我是不是客家人，就是這個困擾，我每次都說不是。只要是姓鍾，想當然爾都會被問這個問題，可是我們小時候又有些稱謂是跟客家人連結的，比方說有些稱呼是客家話，所以我有些語言上的困擾。在姓氏上我媽媽那邊比較複雜，比方說祖父曾改姓，後來又改回來，這我都沒有處理。可是小時候隱隱約約會覺得說祖父為什麼本來姓廖，後來又姓蘇，我媽就說：「去給人家招。」所以姓廖，可是他們後來也是改過來，但不知道為什麼就是了，就是大概有這種困擾。

另外目前不去寫還有一個原因，是這類時代的東西也是被寫太多了，尤其是老作家常常處理時代的東西。我覺得當代的小說家或是當代的創作者，最迷人的就是跟他的生命扣緊，其實我最糾葛的還是跟原生家庭的母親的關係，所以應該先去處理這個部分比較迫切。身分跟認同小時候會是一個干擾，不過我對於身分比較多的感受性倒不是認同台灣還是中國這個部分，而是為什麼我是女生？在性別認同上的痛苦大過於國族的痛苦，所以為什麼我的寫作也比較傾向於這個部分，是因為那真的是肌膚之痛。因為我上面都是哥哥，我被對待的方式比較不一樣，所以我對性別的痛苦比較大。我覺得女生有很多的不方便，所以我的家族史也是從女性、母系開始寫，從母系寫到父系。作為一個女生在家族，特別是南方，是很沒有面目的一群人，我又生活在寡婦村。所謂寡婦村是因為我祖父那輩是白色恐怖，所以全部被抓走、被槍決，我祖父是送綠島，叔公有的就被槍決，然後整個支脈就凋零。另外那時候很流行到台北工作，所以父親上了台北，我們都留在南方，就從上到下都是母系。我是沒有見過曾祖母，我出生她就已往生……可是家裡有祖母、有媽媽，但父親不見了，祖父也不見了，所以我會對女人這個命運的課題大過於思考男性，也是這個原因。

承繼著父親的步伐

黃：您的作品中母親的形象總是特別鮮明。您幾乎每本書中的母親都是非常務實的、強韌的女性形象，尤其《在河左岸》裡面有一段讓人印象特別深刻，就是母親在父親離家時追著貨車跑，後來主角才發現母親是追著貨車上掉下來的小雞。那是一種完全不浪漫的，可是非常實際，充滿生命力的形象。另外您的作品對於母女之間關係的掌握也刻畫得很細膩，感覺上是一

個女兒透過書寫，不斷地去重述、回顧母親和自己的關係，感覺上母親在您的成長過程中，扮演了相當關鍵的角色，另外父親的部分相形之下就較少著墨。不知道您是否方便談一談父母在您成長過程中對您的影響？

　　鍾：我到這幾年才慢慢發現，其實我是像我爸爸的，是非常壓抑的。我一直跟我媽不像，我媽非常務實，剛好跟我相反。我這幾年發現我非常像我父親，我爸爸過世很多年了，大概二十年，在我青春期的時候。我以前一直不覺得我像他，是因爲對自己的了解也很模糊，我這幾年才發現，包括我浪遊世界、我很多任性的東西都跟他真像，我們家唯一又抽煙又喝酒也只有我，我哥他們都非常乖，都是那種循規蹈矩，然後念到碩士博士，只有我非常像我爸。我爸年輕的時候就非常想去流浪，結果竟然是我承繼了他的步伐，這些都是始所未料的。你上面都是哥哥，結果卻是這個女兒像父親，這對我也有一種性別的干擾。任性的部分也真的很像，我以前都不覺得。我發現我爸爸一點都不務實，我爸是一個非常沉默的人，非常和善可欺，我記得我有寫說他載了贓貨都不知道，就被送進警察局。在我自己的生命也發生很多類似這樣的事情，我常會做一些我不清楚的事情，後來發現其實我們這個家是女兒承繼了父親，可是這部分我一直沒有去處理它，因爲我也是這幾年才發現。我一直在處理我跟我母親，還有母親對我的影響，可是我一直沒有去處理父親對我的影響。我大概有提到說我的任性骨子裡來自於他，可是我並不知道那個任性到底是什麼，我是這幾年才慢慢發現，原來我那個部分這麼像我爸爸。包括很多方面還有價值觀，我其實是比較認同我爸爸的，我一直在反抗我媽媽，是因爲我一直覺得我爸爸的人生比較瀟灑，雖然瀟灑就比較早走，因爲你有些東西是任性，可是他至少像他自己，這個部分我比較還沒處理到。有人會說你持續寫一個題材也是一種重複，所以有時候不知道是好或不好，你會覺得我們持續寫，可是對於有些比我們前面的作家會覺得我們是重複，所以這對我們相當於也是一種干擾。所以我會覺得恐怕要隔一段時間再寫家族史也是這個原因，我們背負著一種重複的罪名，像駱以軍也是，人家會覺得你怎麼老是在處理這個題材。可是我很想爲我們自己做辯解，是因爲每一次都會覺得其實上面的傷口並沒有縫合好，或者說我們有些凝視的焦點是失焦的，或者說敘述未盡，因爲感情還沒撤離。所以這個部分，像我這幾年才發現原來我受父親影響很大，但是我一直都還沒有去處理它。而且像我們寫的時候，像《女島》其實是很早就寫只是很晚才出版，這幾年突然流行起來，

根本也不是我們造成的，像我們這一代，我們是非常早就處理的。

浪盡天涯之後

黃：像駱以軍他們那一輩的東西出現，跟整個大環境包括政黨輪替，還有他們父親那一輩的凋零都有關係，我覺得那樣的東西在這個時代出現是相當合理的，可是後來有點變成說大家注意到這個東西，然後有些作品認為貼一個家族史或私小說的標籤可能會賣得比較好，就變得有些良莠不齊。

鍾：我們比較常被訴說就是重複，我會在這三本之後停下來，沒有去處理百年史，一部分也是這個原因。除了自己感情的風浪迫切之外，我們早期寫作是因為心靈的痛先出來，而不是那個議題先出來，可是如果人家把我們貼成議題的話，我就不想處理了。另外旅行也把我的認同給拉開了，我不去處理也是因為我的認同實在是太大了，旅行把我拉到一個位置，讓我看到自己個體的生命跟符號是非常微弱的，我並不迫切需要知道我到底是屬於那一個國族，我覺得旅行相當程度把這個東西打破了，因為我不斷在國跟國之間移動，國族對我根本沒有作用。而且因為我長得非常「國際化」，沒有人知道我到底是屬於哪一個國家，人家會覺得你是很典型的中國人或日本人，可是我不是，我好像整個亞洲都可以，我到尼泊爾，人家說我像尼泊爾人，到印度像印度人，到哪個國家就變成那個國家的人，甚至我到墨西哥，人家也說我像墨西哥人，聽多了之後，我會覺得台灣這個字詞對我非常沒有作用力，我會覺得自己像是世界人，所以這種心態也影響我整個家族史的寫作慢下來。我會覺得等到我不再旅行了，我再去處理百年史恐怕會是個很有趣的議題：一個旅者浪盡天涯之後回到他的土地，這會比我現在去寫更好，因為當那個旅者他行遍天下之後，他的世界觀跟國族認同是很奇怪的。這點我覺得有點像奈波爾，我看他的東西每次都好有感受，可是我現在不能處理，因為奈波爾太流行了。很多東西在早期寫作時是很沒有意識的，就是你根本不知道你是作家你就開始寫，現在因為這個東西太強烈之後反而覺得要壓下來，可是我是非常認同奈波爾的東西，你看他旅行的世界這麼多，當他重新回到千里達，重新去看真的有很多不同的意義，其實我現在心態上有點像他。可是因為他很老練，他也是很晚才去處理千里達的作品，應該也是快四五十歲的時候，他最好的作品也是五十幾歲，所以不急。可是我想應該後面會有，大概十年後。

不過廣義的家族史我定然會觸及，好比我曾經短暫寫過我入獄的舅舅（篇幅過短），然而他的精神狀態以及整個人生其實都還是母系的結構。我還是持續在寫，且以整個家族入獄者為主角，父系（祖父入獄），母系（我媽媽的親哥哥，被判無期徒刑，後減刑出獄，小時候常常要去探監），關於監獄的小說，大部分都以入獄者為主要敘述觀點，我想用我自己為敘述，這小說寫了幾章節。所以怎麼說，自己都還是在寫家族史。我喜歡家族史裡的人性處境以及枝枝葉葉的風華與凋零，一種無與倫比的生死感，一如愛情。

站在真相的邊界

黃：那關於母親的那個部分，其實您剛才有提到一點，就是關於被撕裂的感覺。

鍾：對，我覺得她很殘暴，因為她太務實了。我覺得性別的錯亂感也是因為父親比較像母親，母親比較像父親，我從小生活在性別錯亂裡，因為我媽太強了，而父親太弱了。母親會去爭我們所有的權益，可以跟所有的人抗爭，可是我們都覺得很丟臉，比方說我們學校發生什麼事，一定都是媽媽出面去跟老師「嗆聲」。我小時候個性非常怯懦，媽媽突然跑來我就會開始很害怕。我這幾年比較同情她，我以前可能很討厭她，是一種又感傷又嫌惡的情緒，這對成長非常不好，因為你等於相當程度地嫌惡和你一生血緣連結的人，否定母親不等於也在暗示否定自己，那是非常困擾的。不論喜歡或感傷都還是情感的，可是嫌惡有一種你不希望去認同她這個媽媽的感覺，這從小就是個可怕的夢魘，比方她到學校你就希望她不是你媽媽，你不要去認她，可是這很恐怖，這種話我說不出口。其實在處理母女的感情上，很多人說我寫得血淋淋，可是這種太極端的話語，我倒不覺得我有寫到，因為真相恐怕更殘酷，所以只能等更老一點再寫。可是我最近在《聯合文學》有個小專欄，我有慢慢把青春的殘酷物語一點點偷偷地散出來。我一直覺得我們這輩還是有很多的，也不能是說使命，而是我們畢竟還是讀老作家的作品長大的一代，所以那種溫厚、或者溫吞還是存在。所以為什麼駱以軍的東西很好看，因為它有很多那種，或者叫變態吧，猥褻之類。可是女作家在處理這個部分時，還是有很多的不敢釋放，早期有很多東西會希望把它圓掉，最近有些青春的殘酷，就慢慢把它放出來，可是不會一下放太多，主要還是因為人事還沒有凋零。所以其實寫家族史有它的困難度，就是你到底要寫到什麼程度？你到

底要把每個人寫到什麼樣的樣貌？所以有人說好像這個題材已經差不多了，我一直不覺得，因爲其實它是一個非常複雜的機制。

黃：所以您寫家族史的時候會有類似駱以軍那樣的困擾嗎？就是寫到家人的時候他們會有反彈的聲音嗎？

鍾：所以我覺得自己處理得還是很溫厚，可能太溫厚了。我並沒有把眞實寫得很眞實，對於眞實力氣不敢放太大，主要還是跟我的壓力有關吧，因爲我媽媽她們還活著，不太敢去碰那些大傷口，因爲大傷口處理起來其實是蠻恐怖的。還是有壓力，因爲我媽是不看，可是人家會告訴她。可是我最近稍微處理了一下那種殘酷，大概往後幾期的《聯合文學》會登，我最近交給它一篇〈我不相親〉，就提到母親所施加給女兒的那種壓迫的東西，那種從小的語言威脅，那種語言威脅是非常暴力的。她現在的語言威脅是用一種比較怯懦式的，比方說你如果不結婚她就要怎樣，小時候她都是說，我們怎麼樣她就要去自殺，我從小就活在這種語言威脅中，我非常痛恨這種威脅。我有慢慢把這種對話寫出來，但還是沒有很大膽。你可能會覺得我把一個母親形象捏造的很恐怖，可是事實上那是眞實的，甚至我覺得我寫得不夠眞，因爲我怕去碰那個眞，所以人家說我寫得血淋淋，眞的剛好相反。可是最恐怖的是邊界，就是站在那個邊界上，我覺得我剛好站在邊界上，沒有進入到暴力的核心，好像站在陰暗跟光明之間的邊界徘徊，所以我的文本裡面有一種飄浮性，就是說我並沒有那麼眞的去碰母親，我也沒有眞的去碰我的陰暗面，而只是邊界。我會站在邊界有一個問題也是因爲我母親的關係，她要是眞的是個壞人也就算了，是個壞媽媽也就算了，可是她又不是，她愛的時候也很恐怖，她就是極端式的。她愛你的時候讓你覺得你好像虧欠她好多，她對你不好的時候你又好像希望永遠都不要見到她，她對你的態度是那種大起大落的。你很難去處理也是這個原因：你寫壞的時候同時又想起她對你的好，想起她也有好的部分，所以她很難處理。要不然就是讓它過去，要不然眞的要寫起來也是個挑戰。

黃：所以她會希望妳趕快結婚？

鍾：所以我就很殘酷的說，她有一種東西是「使用者付費」。因爲她太務實，她很多東西都是用面子跟金錢來衡量，如果沒有面子就一定要有錢，她覺得我不結婚是一種沒有面子的事情，因爲她是活在那種傳統的「女當要嫁」的觀念。我沒錢也沒婚姻，對她來講是雙重流失。比方說我有朋友沒結婚，

她會說：「那人家做得不錯啊。」像我已經沒工作很多年了，就覺得我要寫作，可是她又不認同寫作。一個母親不認同你寫作，生命也是種打××的，你在她生命的表格裡都是打××的，沒有婚姻、沒有錢、工作她不喜歡，就什麼東西都是×的，為什麼我會有這麼多的不快樂就是這樣，要討好她我覺得是世界上最困難的事。所以她會希望我結婚，不是因為她希望我幸福，是為了她的面子，所以我怎麼可能認同呢？我從小就活在不認同她的部分太多，可是又還沒有找到自己的狀態。所以我覺得認同應該拉大，我其實非常不喜歡男性作家的認同永遠都是國族的想像，因為其實那影響我們很小，真正影響我們對國族的認同是因為父母親的原生血裔，是父母親怎麼營造我們的認同，而不真的是國族這個符號。我媽是激烈分子，她對什麼東西都是狂熱的，比方說那時不是有手牽手活動，我媽也去牽手。我覺得一個女兒不認同母親，她的生命是出現一個很大的撕裂。我一直不認同她的行徑，她想要我做的事情我也都違背了，就一直活在一種反向的狀態。

　　黃：所以你哥哥他們都結婚了？那有跟她住在一起嗎？

　　鍾：對，她現在是輪流住。很多人都說：「你女兒沒結婚怎麼不跟她住？」她就說不行。她知道我們大概兩天就會吵起來。我哥他們是公務員，又是研究者，生活步調比較穩定，不像我有時一寫作就半夜不睡覺，她也適應不了。我一直蠻慶幸的就是還好有哥哥，讓我有個喘息的空間。

宿命的起點：原鄉

　　黃：《在河左岸》寫的是三重的故事，從某個角度來說，它也是一個移民的故事。裡面提到了城鄉生活的差異，還有那個年代對台北的一種想像。您是在雲林出生成長的，能不能談一談是什麼時候搬來台北？這樣的遷徙在您的成長經驗中有沒有造成比較深刻的影響？或者說能否談談您對雲林和台北的情感。

　　鍾：其實《在河左岸》的虛構性比前兩本都大，我為了寫舊台北，所以把移民的時間提早，用一個小孩子的眼光來寫，所以這個虛構性是很大的。我寫舊台北的原因是因為童年時親戚都住台北，所以每一年寒暑假我都會到各個親戚家住，比方說伯母住萬華、姑姑住永和、叔叔住三重、阿姨住五股，就是一個台北的衛星城地圖，那是我認識這個世界的地圖。我每一年寒暑假都跟他們住，原因好像是因為我媽很忙，從小表姊她們就會來接我，所以寒

暑假都住親戚家。裡面那個媽媽的角色有一部分當然是我媽媽，但也很多是虛構的成分，為了寫童年那段不斷在寒暑假上來的經驗，可是如果我把故事鎖定成：「寒暑假又到了，又要上來」，這樣會很不好看，所以我就乾脆讓她徹底移民。所以它有這個虛構性，是為了書寫的便利性。

童年上台北的感受很深，其實我一直喜歡住在城市，所以為什麼我不認同原鄉也是這個原因。我喜歡住在有很多房子的地方，不知道為什麼，我對於城市的機能非常喜歡，它可以讓一個人生存。可是在鄉下是一個結構體的生存，我非常不適應。我從小非常獨立，我希望人活著都是一個個體，城市可以提供這樣的機能，比方說我住台北，我一個人可以做很多事：可以去書店、可以去咖啡館，可以做任何機能性的活動。可是在鄉下完全行不動，我除了窩在家裡，就是散步，可是散步就到處要不斷跟很多人接觸，那對我很干擾，我非常不喜歡團體，所以每次我一上台北就好高興。記得有一次從我表姊家溜走，去西門町看電影，那時我還很小，她們就找了半天。我對於城鄉這個東西感受性很大，因為其實我非常喜歡城市，可是我又生長在到今天都非常落後的地方，恐怕是台灣最落後的，我每次回家都覺得，都是土啊灰塵的。我自己有很多雙重的割裂，比方說不喜歡母親的那個部分，我喜歡城市，可是又生長在一個蠻荒。所以《在河左岸》相當程度地讓她徹底移民，時間提早讓她三歲就上來，除了有一種小說的便利之外，還有我對自我內在那個部分的喜歡。因為一個人可以晃，可是在鄉下你真的沒辦法，你就是一個結構體，一定會有噓寒問暖，然後又沒地方可去。我喜歡極端，我真的也很喜歡自然，可是我不會想住在那，我只會想去拜訪它，如果生活我還是喜歡生活在城市。

黃：那你真正搬到台北是什麼時候？

鍾：就是那時念淡江。

黃：那媽媽還是住在雲林嗎？

鍾：她這幾年搬上來，因為老家被颱風吹垮了，然後沒有能力改建，因為那個地是祖先的，歸屬於各個不同的人，所以就沒有房子可住。可是我等於是把背景移過來，那個角色的原型還是我媽媽。有一點很有趣的是：人物都是真的，背景是假的，包括住在妓女戶也是假的。我讓這些人移動他們生命的舞台，賦予它我想要的城市背景，也順便做為我住在台北二十年的一個

總結。我非常習慣住在這裡，相反地我回南方，掃墓啊、誰嫁女兒、表妹結婚什麼的，我都非常痛苦地回去，我媽就會說：「你幹嘛臭著一張臉。」就是不知道爲什麼很痛苦，一直覺得我不屬於那個地方，我不喜歡跟人家噓寒問暖，也不是不喜歡，而是我不喜歡那個原鄉的宿命那麼濃烈，人跟人之間的連結強烈到讓你覺得好恐怖。我不喜歡活在大家庭，我每次看《大宅門》那種戲，都覺得女人好可憐，上有婆婆下有妯娌，對我而言那個生命是很痛苦的。像我回去吃喜酒，人家都覺得是喜事，我都覺得很悲哀，就覺得：天啊，又有一個宿命連結點要開始。所以爲什麼我不喜歡結婚就是這樣，我覺得那個宿命太強了，太恐怖，你就必須有另外兩個家庭。所以很多人覺得我好像有那種反輪迴的概念。

黃：住在鄉下好像一舉一動都活在別人眼光裡的感覺。

鍾：對，其實鄉下很多故事。什麼事情都一下就傳開了，誰跟誰戀愛這種。像我小舅舅或阿姨 —— 我媽有七個兄弟姊妹，我媽是長女，所以阿姨她們都很年輕 ——，我都覺得她們很可憐，隨便跟一個男生出去就全村都知道了。她們都是在工廠做女作業員，有時男生騎著腳踏車載她，我小時候常目睹，其實我覺得看起來太清純了吧，可是竟然就被傳得很難聽。所以我一直覺得「大隱於市」是我生命中最喜歡的步調，像台北我就非常適應。有些人寫說他不喜歡城市，我反而覺得很好，它提供了個我很自由的存在。

札記‧生活

黃：其實我覺得您最新的作品《美麗的苦痛》，雖然並沒有特別強調，但多少也有一點家族書寫的味道，因爲裡面提到不少關於家族的回憶。不過這本書貫串中心的是「儀式」這個概念，我覺得這是蠻有意思的，另外這本書在出版社分類的時候是以「札記生活壹」做爲標題，所以這個「札記生活」會是一個系列的寫作概念嗎？

鍾：對，當時因爲我圖片太多，所以我當時就想把它做成一個系列，本來想要做成雜誌，可是後來我覺得雜誌太輕，我就跟他們說我不想做雜誌書，可是它又是很難定位的一本書，因爲有很多雜七雜八的東西，所以確實是個系列，可是不定期就是了。比方這次是談儀式，我有按照我的照片規劃做整理，下次可能會談童年，各國的童年，還有我的童年，就放很多各國的小孩照片。我記得那時我列了好幾個主題，比方說還有美的角落，像是家的哪個

角落我覺得最美，就談一個議題性的東西。這比較像我在寫小說的休息，因為那時寫完《愛別離》有一種累贅的感覺，就找了這個比較可以隨便切割，不用有組織的東西，我想把這東西弄成這個樣子。因為我不太喜歡文壇對於所謂好書的定義，就是非常結構的、非常議題的東西，我想把它打破，做出很隨性又不失質感的東西，就是想做什麼就做什麼，我想把這個系列做成那個樣子。可是它會很難被我們所謂的文學價值認同，其實我在做的時候就知道，一旦作家把他的影像大量放進去的時候，他在文學這塊領域被認同的可能性會比較弱，因為它很難歸屬到底是影像還是文字，可是我覺得創作者還是應該忠於自己，就是做你當時覺得生命有出口的東西。所以這個系列通常就是把它做為一個休息。

黃：寫長篇眞的是非常耗費心神的事情。

鍾：對，然後你有時候會覺得生命無趣，所以出了一個像枕頭的書之後，你也會覺得何不玩興一下，就是瓦解掉自己。我常會這樣，我是不習慣只做同一件事的人，我實在是太多面向，所以就會想玩，想玩一種隨便切割，沒有結構的東西。

黃：可是我覺得它還是有它的中心概念在，還是有它的結構。

鍾：對，可是它的結構是很反主流價值的，我覺得主流價值還是肯定有歷史、有故事、有完整劇情的東西，我就想能不能不要做這個事情。應該說是一個它是有組織，可是反主流價值的東西。人家也會覺得你不要花太多時間在做這種事，應該好好去寫你的小說，可是我就覺得無所謂，因為生命出口還是比較重要。

逃亡記事本

黃：您說過不喜歡被定位爲旅行作家，因爲您的行旅紀錄的其實是一種人文移動的風景，是對已逝靈魂的考察。其實我覺得您的寫作雖然形式上有所不同，但不論是札記、日記或是行旅甚至小說，其實在精神上都是相通的，就是對「生活」這件事本身的體會和思考，呈現出關於生活的各種可能面貌和困境。另外您的小說主角在面臨生活中難以超脫的困境時，出走常是其中的一個選擇，這在去年出版的長篇《愛別離》最爲明顯，書中五個主角最後都選擇以遠行來改變生活，這讓人想到您自己的生活經驗中，其實也有過這樣一段完全放下原本的工作和生活，到美國去學畫的經驗，最後回來時只剩

下十元美金。我覺得要放下看似穩定的生活和工作，到異國去重新開始，這其實是蠻不容易的一個決定，能不能談一談當時是怎樣的一個契機讓您做了這個決定？另外您眞的覺得出走能夠超越生命中的困境嗎？

鍾：其實我最早的作品，比方說我的第一個長篇《女島紀行》，它就已經預告了出走，只是當時的出走是在島內，比方說從南方到台北，她就不想回家，開場就是她媽媽打電話說：「除夕了還不回來。」我覺得那就是我的生命主調。我永遠逃到一個地方就不想回去，所以早年沒有旅行的經濟跟能力的時候，我就是不想回我宿命的原鄉，那也是一種逃走，後來就更擴大到世界版圖的逃走。其實逃走這件事是從小就開始，我記得我小時候有一次也打算逃走，就把衣服都裝在垃圾袋裡，假裝要去倒垃圾，就被我媽抓到，我從小就是這種個性。我小時候只要打開家門，發現家裡沒人我就很高興，那天就覺得好快樂，所以逃走對我來說是生命的慣性。

長大後我被慣稱旅行作家，我不喜歡人家叫我旅行作家，不是說我不屑，最主要是我不想污衊了這個字詞。當然我覺得台灣的旅行作家確實是一掛很不成長的作家群，我也不想被歸類成這樣。可是我眞的不像寫旅行的人，因爲我沒有非常結構性的旅行路線，我都是講我自己跟當地人的對話，或是我所心儀的作家的對話。所以其實我是在寫一個逃亡記事本，都沒有人點出這一點。我根本不是在旅行，而是不斷地移動，我如果要移動一定是因爲我不耐那邊的生活，其實去回歸那個文本是很像的：你不耐原鄉了，你一定要去台北。那個模式是一樣的，只是敘述的腔調不同。所以我一直覺得我眞的不是旅行作家，我沒有可稱爲旅行的條件。就像每一年都有登玉山的作家活動，找了我好幾年我都沒去，因爲他們對我的認識就是我很會旅行，可是旅行跟登玉山是兩回事！他們覺得我很會旅行，可是事實上我的旅行都在咖啡館，一坐可能坐一個下午，或在巴黎的旅館突然睡了兩天，他們不曉得我是那種個性，我其實非常嬌弱，我不是那種冒險性格的人，對我的想像完全錯誤。我一直覺得我不是在旅行，雖然講逃亡有點不好聽，可是內在的本質是這樣。從以前要逃離原生家庭，後來要逃離情人的蜘蛛網，我覺得長大有雙重的逃亡，就是要逃離母親和情人。你問我爲什麼可以放下很好的工作，去美國學畫，有一個機緣就是我想雙重逃亡，原生的母親跟情人的蜘蛛網，當時都讓我覺得很痛苦，痛苦變成一個推動力。所以我眞的不能叫旅行文學，因爲人家旅行都很愉快，而我的旅行文本都很痛苦，因爲我不斷在痛苦狀態，所以

叫我旅行作家是很不切實際的稱號。可是因爲我那類文本賣得比較好，因此形成我的另一種困擾，讀者比較容易接觸我那三本，所以就很容易把我括概起來。其實也是台灣對旅行的認知太弱，如果我在國外的話就絕對不會被扣上旅行文本，因爲它沒有旅行的動線，或者是當地的生活，而是寫作的這個敘述者不斷地在回顧。

黃：其實我覺得旅行本來就不必然是快樂的，我覺得那是大家對旅行的想像。我記得當時我寫過一個有關旅行文學的研究計畫，題目就訂爲「焦慮的旅程」，因爲我覺得旅行在本質上其實有很多焦慮的部分。

鍾：對，可能他們比較像是觀光吧，或是旅遊，那當然是輕鬆的，可是眞正的旅行，比方說像我這種一離開都是半年這種的，眞的是雙重焦慮：你對於島嶼的切斷，以及對於移動的流失，都是雙重、加倍的。你會覺得你一無所有，處在沒有身分的過渡期，所以這幾年我也特別覺得好疲倦，好像逃無可逃的感覺，好像再逃下去也不是辦法，所以我可能會比較慢下腳步，眞的去享受旅行。我不能說我沒有從旅行中得到快樂，可是人的本質眞的在生命的推動裡太巨大了，所以爲什麼每次人家以爲你在旅行要邂逅很容易，可是對你來說就是很難，因爲你本質的感傷部分把你推到一個已經先看到結局的位置，所以通常都很難把自己推到一個很輕鬆的位置。我也會希望自己的文本不要每次都陷入那種情調，可是好像也很難，畢竟大家都在談作者的本質論，這恐怕也是每個作家的特色吧。

黃：所以之前您出國是像報上寫的去美國嗎？這次寫的也是像《奢華的時光》這一系列的作品嗎？

鍾：對，去美國和墨西哥，是因爲之前和出版社簽了四本書，預支版稅生活，所以還稿債，美洲是這個系列四本的最後一本，書名是《孤獨的房間》。去美國是走訪詩人艾蜜莉‧狄金生跟一個古巴裔行動藝術家 Ana Mendieta，她是古巴人，然後移民到美國，一生都在身分與認同中糾葛，後來墜樓死亡。我去重訪她到美國這塊土地的動盪，她的作品很有趣。美國人一定會說：「那你怎麼不寫歐姬芙？」可是我就是不喜歡做那種很有名的人物，個性也會導致你文本的廣闊度，比方說巴黎我就寫莒哈絲跟西蒙波娃，可是現在誰知道她們？你的對話人物太遙遠，太不知名，其實會造成你文本的狹隘性，可是我覺得無所謂，我還是每一次都忠於自己的決定。恐怕美國人也不一定知道 Ana Mendieta，紐約大概少數人會知道，因爲她傳奇的墜樓死亡，可是最特殊

的是我想藉她來闡述身分與認同。她叔父被卡斯楚政權刺殺，然後她流亡到美國，但是那時她父母都沒有來，一直到十三歲她父母才從古巴到美國，她經歷了童年不斷在孤兒院的生活，後來她做的行動藝術的作品都蠻驚人的。你如果到紐約現代美術館，你會看到她的攝影作品是十分扭曲的，而那種扭曲是用她的身體去演練，比方說她是南美洲人，可是她就假扮成金髮，她做了很多身體的演練。她其實是在美國的核心長大，可是又很孤寂，所以有很多的撕裂。我第一次看到她作品的時候有一種驚嚇，就決定這次去做她。主要原因我也想提供台灣比較多不同的思考，我們每次介紹美國都非常主流文化，但有沒有一種邊緣性的人物，可是非常值得借鏡，這是我思索的。古巴人其實是很痛苦的，古巴是卡斯楚政權，大量的人移民，逃難到美國，有點像我們這樣，可是他們在美國更痛苦，我們逃難到台灣至少還是中國人，他們不是，他們逃到美國，誰理你啊？在那種掙扎上是更劇烈的。我覺得她給我很多的啓發，還有身爲女性的部分，所以這次去是做這個。我每次跟人家講都很麻煩，因爲她太沒有名了，所以有時候自己的宿命也會造成這樣的情況，如果我去寫約翰藍儂，因爲大家都知道他，你的文本就會加分，不能說文本會加分，應該說銷售會加分，可是我很難去做這種事。

黃：而且我覺得就算你寫的作家或人物本身不是那麼有名氣，可是我覺得你的文本有感染力的時候，他們本身有沒有名反而不那麼重要。比方說我看了您寫的那三本之後，我會對您介紹的那些人物產生興趣，然後去找她們的東西或故事來看。

鍾：這個系列前兩本還比較模糊，寫到《情人的城市》的時候就比較清楚，就是我就要這樣對話。這本還沒寫，不過我在美國的時候感觸就很深，因爲美國是個大鎔爐，你問任何人他的身分和認同，他們的疑惑性是比較少的，因爲他都接受，也很驕傲他要當美國人。可是像我說的這個行動藝術家，她就有很多的焦慮，而她的焦慮倒也不是國族的東西，她思索的面向也是很大的，包括人對於土地的那些東西，還有肉體，做爲承載我們思緒的這個肉體，她思索的很多。我比較喜歡這個東西，我不喜歡純粹只是國族，就像那種激烈的種族主義者，我非常不喜歡。

我這次去走訪很多地方，像是邁阿密，還差點要坐飛機到古巴了，可是因爲卡斯楚政權的關係，辦護照很麻煩所以就沒有去。因爲從邁阿密到古巴才一個多小時，所以她那時是一個人從那邊上岸的，那時候好像才十三歲。

她後來到紐約發跡成名，我還拍了她在紐約的墜樓處，她有很多的傳奇，所以還蠻特別。我也去走訪了邁阿密的很多小古巴區，像小哈瓦那區就讓我有很多感觸，他們不會講英文，就講西班牙文，就在那裡生存下來，就像很多外省第二代也不會講台灣話一樣。所以其實它跟我自己的島嶼有一些連接點，所以這本比較擴充。比方說像莒哈絲，大部分都談她跟她的母親，這本有機會可以擴大，其實我都是藉他們來說我自己。

反潮流的內心獨白

黃：另外《愛別離》這本書，在文字風格上，使用了大量的類疊、排比，有時感覺甚至類似散文詩，這是為了凸顯那種內心獨白的感覺嗎？另外您曾在《幼獅文藝》的訪談中提到，這本書您覺得只完成了獨白的部分，而沒有把黑暗完全展露出來，因為還有所顧忌，針對這個部分能不能再談一談？

鍾：其實因為這本改過好多次，一開始寫的時候是用全知觀點，結果後來又改成獨白。可是出來之後我就發現完了，因為獨白其實很難討好，人家會覺得你喃喃自語，評論界最不喜歡讀到的就是喃喃自語，整個改過來之後就變成一個最反潮流的東西。我覺得現在喃喃自語會背負一種罪，就是人家覺得你沒有故事。可是我那時候為什麼會把全知觀點改成獨白，是因為我後來回溯自己旅行前的狀態，我會有一種想要告別這地方的感覺，會做很多的動作，尤其是早年：比方說我一去美國可能要兩年，我就會整理很多的生命記事簿；或是把家裡有些不會用的東西收在一個箱子裡；或是很多東西都要切掉，可能就要打電話說你什麼東西不用了等等，必須做很多的處理。因此你會不斷地喃喃自語，喃喃自語不是說你一直在講話，而是心裡面會有很多的念頭，你會不斷地回溯。我後來就覺得應該採取這個腔調，因為我當時是這個樣子。他們不是去旅行，他們是跟土地切割，不知道什麼時候才回來。我當時去紐約也是，我當時想如果錢用盡了，我要怎麼生存下來？我去紐約有打工，可是我還沒到紐約之前，我不知道到紐約會面臨什麼樣的生活，我當時只知道我要結束、要道別，可是未來是未知的。所以我覺得應該誠實去面對這個部分，應該像我自己，而不是為了結構的討好去改變它，所以我就全部改掉。這個更動很痛苦，因為整個重寫，就變成大量的述說。喃喃自語會有一個真實性，就是它確實很多東西會重複，可是我們的念頭有時候就會不斷地重複，所以我才會用這樣的寫作文體，就是你說的那種類疊、堆疊，

就是字句會不斷地堆疊，因爲內我的狀態會這樣，它的思緒是不準確的焦點，它可能今天突然點到這裡，明天又點到那裡，所以那個呈現就忠於自己當時的反射。獨白的缺點就是很像日記，有一種私我感。

　　至於我爲什麼說我的黑暗沒有把它全部寫出，是因爲有些東西會牽涉到當今的人事，比方說我寫那個男主角林絕偉，我後來覺得在我生活裡面，很奇怪就是會大量碰到像他這個角色的人：已婚，可是他們很想在中年危機裡尋找感情。那種感情的黑暗面非常巨大，可是我沒有把它全寫出來，根本只碰到一點點。因爲我覺得很困難，當然可能再寫下去也太長了，我這個故事本來還有第三部，是這五個人全部再相逢，本來預計寫三十六萬字，出版社就把我擋住了，因爲已經二十四萬字，所以第三部沒有做。第一部是私無愛，第二部是路無盡，第三部是這五個人幾年後在異鄉全部在一個場景相遇，讓他們訴說他們的旅程，有的人寬恕了，有的人沒有。這部分沒有寫完，所以其實這才是黑暗的部分。第三部分這十二萬字其實有點像我的旅行回憶錄，我常在想旅行的情慾是很複雜的，當這五個人相遇，他們在述說旅行種種時，妻子在講她的情慾面的時候，她能夠眞實告白嗎？或者這個女兒去當妓女，她能夠跟她的父母講嗎？當他們五個重新碰面了，這個黑暗是非常巨大的。這個兒子眞的是同志，他如何去訴說？所以這五個人碰面是一個難度，訴說旅行種種，而這旅行種種是非常肉慾的，是爲了體驗，或者爲了生存，或者像那個妻子爲了跟過去完全切斷，所以她把她的肉體交出去。他們五個人如何去面對「我要訴說給你知道」，這是最大的黑暗。很難寫，之前袁瓊瓊就說這五個人好像沒有面目，只有性的連結，可是我眞正想寫的就是這個部分。因爲我覺得旅行，很多人都不會去談性，可是你要知道長期浪跡天涯的人，性是一個非常大的主宰，因爲他沒有道德了，他也沒有原鄉的人看他，我認識很多人在旅途裡就是非常亂，因爲沒有原鄉人的眼光，我認識各國的旅者也一樣，非常複雜的，或者說非常輕鬆地對待肉體，靈肉是分開的。這部分我覺得寫出來會變成是一個情色報告，所以就沒有處理，當然字數也沒有辦法出版，所以就先擱下來，所以我說這個部分是未完成。我好像很多東西都未完成，像《在河左岸》也有一部分，我每部小說都有個部分未完成，自己可以寫一本書叫「我的小說未完成」，然後把各個小說聚在一起：「愛別離續集」、「在河左岸續集」。可是眞的是沒有完成，像《在河左岸》最大的沒有完成，是她要去尋找她同父異母的妹妹：「尋找年輕」，其實那是下半部，爲什

麼要寫這個部分，是我要藉著她去尋找同父異母的妹妹寫出新台北，寫八○年代以後的台北，《在河左岸》寫的是舊台北，這也還沒寫。我覺得我每本都有個伏筆，《愛別離》是這五個人還沒有碰面，所以是蠻黑暗的，可是不知如何寫。像「尋找年輕」有個蠻有趣的過程，因為她要尋找妹妹，所以就不斷地發現新台北，想藉由這個點去寫新台北。

百態的鄉愁

黃：那您目前在進行的寫作是？

鍾：因為國藝會有給我一點短篇小說的補助，最近就要結案，所以在寫極短篇，題目是叫「百態的鄉愁」，寫眾生百態各行各業，不過那各行各業看起來都有點我的影子，寫他們精神最底層的鄉愁。比方說銷售員，他為什麼會當銷售員？銷售員最大的鄉愁是什麼？可能是對數字的迷戀；或者是一個獸醫為什麼不斷地養貓，她可能是生命都沒有男朋友之類的。因為是寫三十個故事，所以字數都不會太多，最短有兩千五百字，最長到五千，都是我以前沒寫過的樣貌，我以前最短的短篇也都有八千字，這次有的寫到兩千七左右，就是一個很小的點，然後去談他的鄉愁是什麼。可是那鄉愁是很廣義的，我一直認為我們的鄉愁不是真正的地理鄉愁，我覺得地理鄉愁是每個人都可以知道的，那是不用再去述說的，可是真正底層精神的鄉愁是很模糊的，比方說一個文學家他的精神鄉愁可能是他一直想要跟神對話，跟靈魂對話，這是真的鄉愁；一個時尚美女的鄉愁可能是她為什麼不能永遠年輕漂亮，那才是真正影響人的底層，我是想寫這個部分。不過因為字數，這也是個考驗，當它是極短或短篇的時候是很難處理的，所以大概就是碰一下，揭露一下它生活的殘酷面。

黃：所以這是今年會出版的？

鍾：不會，因為只是先結案，可是有些細節還沒寫好。我今年還在擺盪，之前有個台北文學年金的案子，早就寫好了，是寫台北城，可是是散文，寫兩代母女對台北不同的觀感。其實也是寫我跟我媽，也是延續《昨日重現》那個母親的部分把它抽離擴大，因為《昨日重現》的〈我的天可汗〉只是一個小部分，就把它擴大成兩代母女生活在台北的不同記憶，但都有個真實的地理，不像以前可能是虛構的。比方說寫陽明山，母親都是去參加早覺會，可是這個女兒可能都在陽明山的某個荒屋跟個男人在一起，母親可能散步經

過女兒的荒屋她都不知道,而這個母親對道德是非常嚴謹的,女兒是非常荒亂,我就寫這個對比,女兒知道母親,可是母親永遠不知道女兒,我覺得這也是生活的一種真實面向,就是寫兩代母女的這種心情。可是有個環節沒有處理好,我覺得這也是散文的限制,人家都以為小說難寫,其實剛好相反,散文最難寫,因為散文沒有大量的夢境,沒有大量的虛構可以支撐,散文非常難寫是要寫得好又不濫情是非常困難的,所以我一直覺得有些環節沒有處理好。可能會先出這個或者是我電腦檔案裡的幾個故事。

黃:所以您比較喜歡寫小說還是散文?

鍾:其實我比較喜歡寫小說,因為小說自由度大於散文,它在整個自由度上面可以隨意穿梭。當然因為我的兩個文體很像,散文有時像小說,小說有時也像散文,我在散文裡也大量用了很多小說體的技巧,比方說寫台北城,我一開始都是對話,就是母女兩個先對話,然後才進入散文的文本,可是散文很少這樣處理,所以這其實是非常小說體的。

從狹隘島嶼衍生的感觸與關懷

黃:《在河左岸》後面有一篇附錄談到淡水河的生態問題,裡面提到淡水河整體生態環境的污染,還有包括對流浪動物、經濟動物的關切讓我印象非常深刻,不論題材和整體風格在您其他的作品都是很少見的,當時是在什麼樣的情況下寫了這篇文章,或者說有沒有想過將這個題材用小說的形式來呈現?

鍾:我1997年從紐約回來,過了幾個月就搬到八里,我家前面大概一百公尺就是淡水河,因為我好一陣子沒上班,這幾年更沒工作,所以我每天都在望那淡水河,早起的儀式就是去望淡水河。我望那淡水變化很大,我唸淡江也是在淡水,我記得那時的淡水河很臭,這幾年是被觀光客快要壓垮了,所以那個斷裂很大,這和我住在淡水河邊有很大的關係,所以我就開始紀錄這條河流。有一年因為聽說要蓋環快,會經過我們家,我隔壁是林懷民,我們就去抗議,那是我第一次綁白布條。我這個人是非常不社會性的,要是我媽早就衝去縣政府大罵了,她是非常抗爭性的人,我是非常不社會性的,我第一次去做的時候就覺得很有感觸,綁著「還我淡水河」,好像第一次為一條河流請命。那時突然覺得我們人類好可怕,我們施加於整個地球的殘害性非常巨大。雖然我那麼喜歡住在城市,可是我只是喜歡它的機能,我不喜歡一

直建設，喜歡城市更不是因為什麼奢華感，我只是喜歡它給人的個體性，所以這又是我的斷裂，我基本性情是非常自然性的，我非常希望人可以維持整個生態系統，我覺得河流死了城市也死得差不多。為什麼我有時想要逃亡也是覺得台灣的價值觀非常的弱，比方說環保議題，或者我們對於美的感受性都非常薄弱和狹隘，我們對美的標準那麼單薄，對於自然那麼地漠視，所以我就想寫一個比較紀錄性的，從 1997 寫到 2003，就是囊括我這幾年對它的心情。

關於談到經濟的部分也是點到為止，我常覺得我們發展一種經濟性的產品，是對很多動物的殘害，像蘭州那個羊，氟就讓牠們牙齒卡住了，就不能吃東西了，只是為了人類的美白牙齒，所以覺得人類是個很愚癡的動物。可是那篇放在那裡，是因為我不知道它可以放在哪裡，剛好談河流就把它放進去，可是文本就會產生突然從小說變成報導的感覺。其實它也不太像散文，它比較像報導，也是我想給自己比較不同的寫作方法。在我們這一輩裡面，我可能是嘗試最多文類的，從旅行到小說到報導都有，跟我自己喜歡的議題太廣有關係，雖然總結永遠在家庭、母親或情人，可是我常在想河流其實也是土地的一部分，其實可以更擴大視野去思考土地這個概念。土地的概念不該只是成長，而是要去思考它的未來，它的永續。對我而言愛台灣就更要去批判它，因為它很多東西是不對的，所以中國人的道統也是讓我很討厭的部分，好像父母就不能批評，其實不是，我覺得建設性的語言應該要敢去說它。像我有一次寫金門就被刪掉，因為我把金門類比成南非的羅賓島，就是以前曼德拉逃亡的那個島，後來設了很多雷區，他們就把那段刪掉了，因為他們要推金門的觀光，結果我竟然把它類比成一個被政治犧牲掉的島嶼，登出來才看到被刪掉了。所以我在《幼獅》裡面提到說為什麼我沒有去碰太多的黑暗，也是因為我還是有某種的膽怯，那個膽怯當然也是礙於自己的沒有辦法處理，可是有個很大的部分是說，從小你還是生活在他者的眼光中。我覺得我們真的活在一個很狹隘的島嶼，不知道如何施展自己，所以有一些困擾。

黃：所以這樣的題材，這樣的關懷，將來還會繼續寫嗎？

鍾：目前可能會藉著其他的角色把它寫出來，比方說在寫百態鄉愁的時候，就是會藉一個角色把它點一下，像我寫那個獸醫，她就很感慨她都是在美容動物而不是醫療動物，其實這也是某種感慨。那樣的文體不會再寫。（黃：就是報導文學那類？）對，那時可能也是當記者的關係，是時光的交會點促

成我去寫這樣的文體,將來那個文體不會再寫,可是持續性的觀察是一定會的,因爲你所生存的世界,你的眼光就注定你的命運。我有時候太濫情,這是我自己覺得最大的缺點,就是我寫一寫,我就不會眞的把它敗德下去,我就會收回來溫情一下,我覺得這很不好。有些角色我就借眾生百態把它衍化出來,我覺得小說還是比較迷人,因爲報導文體它的力量,除非你眞的在報紙上發表,不然我那個附錄根本一點作用都沒有。而且我剛從墨西哥回來,感觸就很大,墨西哥對知識份子的尊重好驚人,他們的作家或是教授非常有影響力,在台灣眞的是一點用處也沒有,我覺得如果那樣子恐怕就比較有影響力,可是我們就是沒有,當沒有的時候,我就會想與其那麼用力,不如回過來做你想做的事,所以那個文體是唯一的一次。

　　黃:謝謝您今天接受我的訪問。

附錄五　作家小傳：張大春

【作家小傳】

　　張大春，1957 年生。輔仁大學中國文學系畢業，輔仁大學中國文學研究所碩士。曾任中國時報人間副刊編輯、時報周刊編輯、電視讀書節目主持人，並曾於輔仁、文化等大學任教。目前除寫作之外，亦身兼電台主持工作。張大春的創作量之多、創作類型之廣，在台灣當代作家中少有出其右者，自稱每隔一段時間就要「換一種東西」寫寫的他，舉凡歷史、科幻、武俠、偵探、鄉野傳奇等都在嘗試的範圍之內，甚至還自創「週記小說」與「新聞小說」。作品中多半充滿虛實莫辨的特質，來嘲弄或挑戰一般人對歷史、記憶、與真理的想法，近兩年的作品如《聆聽父親》、《春燈公子》則較走回「說書」的傳統。曾獲獎項如：1976 年以〈懸盪〉獲幼獅文藝全國小說大競賽優勝、1978年憑民間目連戲中庶民文化之探討：以宗教、道教與小戲為核心儺：中國儀式戲劇之研究中國文化大學中文系文藝創作組畢業，國立藝術學院戲劇研究所劇本創作組碩士〈雞翎圖〉獲時報文學獎優等獎、1984 年以〈牆〉獲聯合報第九屆小說獎第一名、〈傷逝者〉獲中國時報科幻小說首獎、1986 年以〈將軍碑〉獲時報文學獎首獎、洪醒夫小說獎、1989 年獲吳三連文學獎、〈四喜憂國〉獲中興文藝獎章。除了著有：短篇小說集《病變》、《張大春自選集》、《聆聽父親》之外，尚《最初》、《尋人啓事》、《本事》、《四喜憂國》、《公寓導遊》、《雞翎圖》；長篇小說《城邦暴力團》一到四、《撒謊的信徒》、《沒人寫信給上校》、《大說謊家》、《時間軸》；評論《小說稗類》（卷一、卷二）、《文學不安》、《張大春的文學意見》、《異言不合》、《化身博士》；「大頭春」系列《野

孩子》、《我妹妹》、《少年大頭春的生活週記》等，2005 年出版的新作則為《春燈公子》。

【關於《聆聽父親》】

　　《聆聽父親》出版於 2003 年，這是一本以「尚未出生的孩子」為預設讀者，述說父親與父親的父親……之家族故事的作品。張大春在此書中一改過往的創作風格，以罕見的抒情腔調發聲，充滿溫情地回望「張家門兒」的五代家族史。面對「衰老病弱的父親」與「即將出生的孩子」之對比，啟發了張大春對生命存在本質的某種困惑與思考，因此書寫家族一部分也是為了回答「我從哪裡來？」「我往何處去？」的問題。而小說在敘寫的五代家族故事的同時，不只將整個大時代的歷史、政治、戰爭蘊含其中，更刻畫出人們在戰亂流離中不同的生存之道、孤獨與渴望。